새신자 훈련총서

합본

| 하나님 가족 되기

요단

C.o.n.t.e.n.t.s.

제1단원

신앙의 출발

당신은 참으로 훌륭한 결심을 하였습니다. 당신의 생애에 있어서 가장 의미 있는 순간은 그리스도를 당신의 구주로 영접한 때입니다.

제1단원

신앙의 출발

당신은 참으로 훌륭한 결심을 하였습니다. 당신의 생애에 있어서 가장 의미 있는 순간은 그리스도를 당신의 구주로 영접한 때입니다. 이 결정을 통하여 당신은 하나님의 자녀와 하나님 나라의 시민이 되었으며 예수 그리스도를 따르는 그리스도인이 되었습니다. 그러므로 당신은 하나님의 자녀로서 거룩한 생활과 그리스도인으로서의 순종의 생활을 하지 않으면 안 됩니다. 이 생활이 믿음의 생활입니다.

왜 당신은 믿기로 결심하셨습니까? 이 질문은 믿음의 첫걸음을 내딛는 당신에게 매우 중요합니다. 그것은 믿음의 동기가 신앙의 기초가 되기 때문입니다. 사람에게 가장 심각한 문제는 영생에 관한 것입니다.

도우미를 소개합니다.
도우미의 지시를 따라 공부해 봅시다.

모든 사람들은 이 문제를 해결해 보려고 안간힘을 쓰고 있으나 그럴수록 더 깊은 갈등과 좌절감에 사로잡힙니다. 그러므로 사람은 그대로 죽어 가든지 아니면 사는 방법을 찾든지 하여야만 합니다.

그러나 당신은 예수 그리스도의 죽으심과 부활로 인해 죄를 용서받고, 영원한 생명을 얻게 되었습니다. 이것을 믿는 사람에게는 구원을 받고 하나님의 자녀가 되어 놀라운 특권을 누릴 수가 있습니다. 이제 신앙 안에서 그리스도인의 축복된 삶을 누리기 위한 성경의 원리를 배우기 위해 힘찬 발걸음을 내딛겠습니다.

제1과

죄

당신은 왜 구원받아야 합니까?

사도행전 2:40에 "너희가 이 패역한 세대에서 구원을 받으라."고 말씀하고 있습니다. 왜 그럴까요?

1. 당신은 죄인이기 때문입니다

로마서 3:10에 "세상에 의인은 하나도 없다."고 했습니다.

1) 사람들은 무엇을 범했습니까? (롬 3:23)

2) 그래서 사람들은 어떠한 상태에 있게 되었다고 선언하였습니까? (롬 3:9) 맞는 답에 V 표 하십시오.

□ 죄 아래　　□ 축복 아래

3) 당신은 죄가 없습니까? 요한일서 1:8을 아래에 적으십시오.

2. 당신은 당신의 죄를 아십니까?

죄는 사람에게 가장 무서운 것입니다. 그럼에도 불구하고 사람은 날마다 죄를 범하고 있으며, 자신 속에 죄를 품고 있습니다(롬 7:17). 그러면 당신의 죄는 무엇이며 그중 가장 큰 죄는 무엇입니까? 그것은 예수 그리스도를 믿지 않는 것입니다. 요한복음 16:9에는 분명하게 믿지 않는 것이 바로 "__________"라고 말씀하셨습니다.

3. 당신이 범한 죄가 어떠한 결과를 가져왔습니까?

성경구절을 읽고, (   ) 안에 관계있는 번호를 쓰십시오.

1) 원수가 됨	(	) 로마서 6:23
2) 진노가 임함	(	) 골로새서 1:21
3) 심판을 받음	(	) 마태복음 25:46
4) 사망에 이름	(	) 요한복음 3:36
5) 영벌(永罰)에 들어감	(	) 요한복음 3:18

제2과

하나님의 사랑

당신은 멸망할 수밖에 없는 자리에서 어떻게 피할 수 있습니까?

1. 사람의 노력

사람들은 죄로 말미암아 받게 될 무서운 멸망 때문에 몹시도 두려워하고 있습니다. 사람들은 어떻게 해서든지 이 멸망에서 헤어나려고 몸부림칩니다. 당신은 자신의 노력으로 이 문제를 해결할 수 있다고 생각하십니까? 그것은 어떠한 방법입니까? 의로운 사람만이 구원받을 수 있습니다.

1) 당신은 당신의 행위로 의로워질 수 있다고 생각하십니까?
로마서 3:20을 읽고 맞는 답에 V 표 하십시오.

□ 예 □ 아니요

2) 아브라함은 무엇으로 의롭다 함을 받았습니까?
로마서 4:2-3 ______________________________

3) 갈라디아서 3:11 하나님 앞에서는, 아무도 율법으로 의롭게 되지 못한다는 것이 분명합니다. '의인은 ______________ 살 것이다.' 하였기 때문입니다.

그러므로 당신은 자신의 행위와 노력으로 의로워질 수 없으며, 여전히 저주 아래 있을 수밖에 없습니다.

지금부터 "하나님의 사랑"에 대해서 공부합시다.

2. 하나님의 사랑

당신은 당신 스스로 어떻게 할 수 없는 막다른 곳에 서 있게 되었습니다. 그러나 실망하지 마십시오. 여기에 하나님의 놀라운 사랑과 구원의 손이 있습니다.

1) 하나님께서는 어떤 방법으로 우리에게 사랑과 구원을 베푸셨습니까?

요한복음 3:16 "하나님이 세상을 이처럼 ____________
독생자를 주셨으니 이는 그를 믿는 자마다 멸망하지
않고 ____________ 얻게 하려 하심이라."

아래 성경구절을 세 번 읽고 적으십시오.

마태복음 11:28 ____________

____

____

요한복음 14:6 ____________

____

____

2) 우리가 예수님께로 가는 데는 누구의 도움이 있어야 된다고 하였습니까?

요한복음 6:44 "나를 보내신 ______________ 이끌지 아니하시면 아무도 내게 올 수 없으니."

로마서 11:6 "만일 은혜로 된 것이면 행위로 말미암지 않음이니 그렇지 않으면 ______ ______ 못하느니라."

에베소서 2:8 "너희는 그 ______ 의하여 믿음으로 말미암아 구원을 받았으니 이것은 너희에게서 난 것이 아니요 ______ ______."

로마서 3:23-24을 읽고, 서로 연관되는 낱말에 줄을 그으십시오.

모든 사람이 죄를 범하였으매	의롭다하심을 얻음
하나님의 은혜로 값없이	하나님의 영광에 이르지 못함

제3과

회개

하나님께서는 당신에 대하여 오래 참으사 멸망하지 않고, 회개하기에 이르기를 원하십니다(벧후 3:9). 그래서 선지자들을 보내어 회개하고 복음을 믿으라고 하셨습니다(막 1:15).

회개는 당신이 범한 죄로 인해 가책을 받고 그것을 후회할 뿐만 아니라 죄로부터 돌아서는 것입니다.

1. 왜 회개하여야 할까요?

다음 성경구절이 그 이유를 말해 줍니다.

마태복음 3:2 "회개하라 ________________ 가까이 왔느니라."

누가복음 13:5 "너희에게 이르노니 아니라 너희도 만일 회개하지 아니하면 다 이와 같이 ________________."

사도행전 17:30 "알지 못하던 시대에는 하나님이 간과하셨거니와 이제는 어디든지 사람에게 다 ________________ 회개하라 하셨으니."

회개는 하나님께서 요구하시는 것이요, 구원의 필수 요건이기도 합니다.

2. 어떻게 회개하여야 합니까?

성경구절을 읽고 (　　) 안에 관계 있는 번호를 쓰십시오.

1) 뉘우치는 것	(　　) 요한일서 1:9
2) 자백하는 것	(　　) 마태복음 21:30
3) 버리는 것	(　　) 누가복음 19:8
4) 갚는 것	(　　) 골로새서 3:8

지금은 당신이 진정한 회개를 하실 시간입니다.

3. 당신이 회개한 후, 죄의 문제는 어떻게 됩니까?

성경구절을 읽고 (　　) 안에 관계 있는 번호를 쓰십시오.

1) 우리 죄를 지워 주심	(　　) 이사야 1:18
2) 모든 죄를 용서하심	(　　) 이사야 44:22
3) 죄를 기억하지 아니하심	(　　) 시편 51:9
4) 불의에서 깨끗하게 하심	(　　) 이사야 38:17
5) 안개처럼 사라지게 하심	(　　) 히브리서 8:12
6) 눈과 같이 희게 해주심	(　　) 요한일서 1:9

이제 당신의 죄가 사해져 당신은 하나님을 만날 수 있게 되었습니다.

제4과

신앙

회개한 것만으로 당신은 구원받을 수 없습니다. 믿음이 있어야 구원받습니다. "회개하고 복음을 믿으라."(막 1:15)

1. 신앙(믿음)이란 무엇입니까?

회개는 죄로부터 자신을 돌이키는 것이요, 믿음은 그리스도에게로 돌아가서 그를 신뢰하고 그에게 자기를 맡기는 것입니다.

1) 믿음은 그리스도를 '주로 시인하는 것' 입니다.

마태복음 16:16 "주는 ________________ 살아 계신 __________ 아들이시니이다."

2) 믿음은 당신이 그리스도를 "당신의 구주로 영접하는 것" 입니다.

요한복음 1:12 "________________ 자 곧 그 이름을 __________ 자들에게는 ________________ 되는 권세를 주셨으니."

3) 믿음은 자기의 전부를 맡기는 것입니다.

이제까지는 내가 나의 주인이었으나 지금부터는 그리스도를 나의 주님으로 섬기며 주님 뜻대로 순종하는 생활을 하는 것입니다.

디모데후서 1:12 “내가 ______________ 자를 내가 알고 또한 내가 ______________ 것을 그날까지 그가 능히 지키실 줄을 확신함이라.”

그리스도를 시인한다는 것은,
첫째로, 그리스도는 사람일뿐 아니라 하나님이시라는 것과
둘째로, 그리스도는 우리의 죄를 속량해 주시기 위하여 죽으셨다는 것과
셋째로, 그리스도는 죽으셨다가 다시 사셨다는 것을 당신이 시인하는 것입니다.

2. 믿음의 대상은 누구입니까?

우리가 믿음의 대상이 누구인지 아는 것은 매우 중요한 일입니다. 왜냐하면 우리의 전부를 믿음의 대상에게 맡기기 때문입니다.

하나님께서 모세를 통하여 주신 십계명 가운데 첫째 계명과 둘째 계명을 봅시다.

> “너는 나 외에는 다른 신들을 네게 두지 말라 너를 위하여 새긴 우상을 만들지 말고 또 위로 하늘에 있는 것이나 아래로 땅에 있는 것이나 땅 아래 물 속에 있는 것의 어떤 형상도 만들지 말며 그것들에게 절하지 말며 그것들을 섬기지 말라.” (출 20:3-5)

우리가 섬길 분은 한 분밖에 없습니다. 누구실까요? 다음 성경구절을 찾아보십시오.

사도행전 4:12 "다른 ______ 구원을 받을 수 없나니 천하 사람 중에 구원을 받을 만한 다른 ______ 우리에게 주신 일이 없음이라."

사도행전 16:31 "이르되 주 ______ 믿으라 그리하면 너와 네 집이 구원을 받으리라."

우리의 믿음의 대상은 ______ ______ 입니다.

3. 믿음은 언제 시작됩니까?

믿음이 어떻게 시작되는지 아래 성경구절을 읽고 적어 보십시오.

로마서 10:17

______

______

하나님의 말씀을 듣고 읽는 것만으로 믿음이 생기는 것은 아닙니다.

고린도전서 12:3 "______ 아니하고는 누구든지 ______ 할 수 없느니라."

믿음은 오랜 시간이 걸려야 갖게 되는 것은 아닙니다. 성령께서 내 마음속에 들어오심으로 그리스도를 시인하게 되고 또한 영접하게 되면 믿음은 시작되는 것입니다.

4. 믿음의 결과

믿는 자에게 임하는 놀라운 복을 당신은 아십니까?

요한복음 3:16 "하나님이 세상을 이처럼 사랑하사 독생자를 주셨으니 이는 그를 믿는 자마다 멸망하지 않고 ________ 얻게 하려 하심이라."

영생이란 영원히 죽지 않는 것을 말합니다.

요한복음 11:25-26 "나는 부활이요 생명이니 나를 믿는 자는 ________ 살겠고 무릇 살아서 나를 믿는 자는 ________ 죽지 아니하리니."

히브리서 4:3 "이미 믿는 우리들은 저 ________ 들어가는도다."

안식에 들어간 자는 하나님의 영광을 봅니다.

요한복음 11:40 "예수께서 이르시되 내 말이 네가 믿으면 ________ ________ 보리라 하지 아니하였느냐."

당신 자신에게 물어 보십시오.

1) 당신의 고통은 당신 자신의 죄 때문이었다는 것을 아십니까?

2) 당신은 죄인이었던 것을 인정하십니까?

3) 당신은 진심으로 회개하셨습니까?

4) 당신은 분명히 예수 그리스도를 믿으십니까?

좋습니다!

당신은 참으로 훌륭한 결심을 하셨습니다. 그러면 이제 여러 사람 앞에서 자신의 신앙을 고백하십시오. 이 결심이 믿음 생활의 전부는 아닙니다. 이제 당신은 그리스도 안에서 방금 출생한 어린아이입니다. 당신은 이제 겨우 시작에 불과합니다. 그러므로 당신은 자라가야 합니다. 계속해서 당신은 '새로운 생활'을 공부하시겠습니다.

나/의/신/앙/간/증

1. 그리스도를 영접하기 전, 나의 생활은?

2. 내게 그리스도가 필요하다는 사실을 어떻게 깨닫게 되었는가?

3. 어떻게 예수님을 구세주로 영접하였는가?

4. 영접 이후 변화된 나의 모습은?

당신은 참으로 훌륭한 결심을 하였습니다.

당신의 생애에 있어서 가장 의미 있는 순간은

그리스도를 당신의 구주로 영접한 때입니다.

이 결정을 통하여 당신은

하나님의 자녀와 하나님 나라의 시민이 되었으며

예수 그리스도를 따르는 그리스도인이 되었습니다.

그러므로 당신은 하나님의 자녀로서 거룩한 생활과

그리스도인으로서 순종의 생활을 해야 합니다.

이 생활이 "믿음의 생활" 입니다.

제2단원 새로운 생활

신앙의 결심은 새로운 생활을 의미합니다.

새로운 생활이 없는 신앙은 있을 수 없습니다.

제2단원

새로운 생활

신앙의 결심은 새로운 생활을 의미합니다. 새로운 생활이 없는 신앙은 있을 수 없습니다. 그것은 믿음으로 말미암아, 죄인이었던 당신이 그리스도를 영접함으로 죄에 대하여 죽고 그리스도와 함께 새 생명을 얻었기 때문입니다. 당신은 그리스도를 믿음으로 말미암아 자신 속에 일어난 새로운 변화를 느끼십니까?

어떤 사람들은 그들의 생활 가운데 믿음으로 말미암아 일어난 변화를 깨닫지 못하고 여전히 죄 된 생활을 되풀이하고 있습니다. 이전까지의 당신의 생활이 아무리 선하게 보일지라도 잘못 살아온 것만은 틀림

그렇다면 지금부터
"새로운 생활"을 시작해 볼까요?

없습니다. 그것은 당신이 지금까지 하나님을 거부하고 죄를 수용하며 살아왔기 때문입니다. 지금 당신은 부족할지라도 하나님을 향하여 나아가는 생활을 하기 때문에 이미 새로운 생활을 시작한 것입니다. 새로운 생활이란 하나님의 자녀로서 하나님과 동행하는 생활을 의미합니다.

하나님과 동행하는 사람은, 인생의 참된 가치를 세상에서 찾는 것이 아니라 하나님과의 관계에서 발견하는 사람입니다. 하나님을 기쁘시게 하는 것을 삶의 목표로 삼고 생활합니다. 비록 아는 것이 없고 연약하지만 하나님께서 함께 하시기 때문에 기쁨과 평안이 넘치게 됩니다.

제1과

중생

당신은 거듭났습니까?

새로운 생활은 사람의 각오나 노력을 통해서 이루어지는 것이 아니라 성령을 통해 사람의 내적 변화에서 우러나오는 자연스러운 삶의 자세를 뜻합니다.

1. 중생의 필요

새로운 생활은 새 사람, 즉 거듭난 사람의 생활입니다. 그러므로 거듭나지 아니한 사람은 새로운 생활을 할 수 없습니다. 그러면 당신은 태어날 때부터 누구의 자녀였으며 어떻게 살아왔는가를 에베소서 2:2-3을 통해 알아보겠습니다.

누구의 자녀 :

어떠한 생활 :

지금부터 "중생"에 대해서 공부해 봅시다.

1) 무엇이 사람에게 악을 행하게 하는지, 로마서 7:17-20을 읽고 답을 쓰십시오.

____

2) 육신의 생각은 하나님과 어떻게 된다고 하였습니까?
로마서 8:7-8을 읽고 답을 쓰십시오.

____

3) 그러면 어떻게 하여야 하겠습니까?
다음 성경구절을 읽고 빈칸을 채우십시오.

요한복음 3:3 "예수께서 대답하여 이르시되 진실로 진실로 네게 이르노니 사람이 __________ 아니하면 하나님의 나라를 볼 수 없느니라."

2. 중생의 방법

거듭난다는 말은 '중생' 또는 '다시 난다'는 말입니다. '다시 난다'는 것은, 사람이 늙은 후 다시 모태에 들어갔다가 나오는 것이 아니라 여러분 속에 나타나는 놀라운 신생을 말합니다. 신생한 자만이 하나님의 자녀가 됩니다.

하나님의 자녀는 어떻게 출생합니까? 요한복음 1:12-13을 읽고 맞는 말에 V 표 하십시오.

혈통으로 난다. ☐
육정으로 난다. ☐
하나님께로서 난다. ☐
사람의 뜻으로 난다. ☐

로마서 10:9-10에 "네가 만일 네 입으로 예수를 주로 시인하며 또 하나님께서 그를 죽은 자 가운데서 살리신 것을 네 마음에 믿으면 구원을 받으리라 사람이 마음으로 믿어 의에 이르고 입으로 시인하여 구원에 이르느니라."고 하셨습니다. 인위적인 어떤 방법도 사람을 거듭나게 할 수 없습니다. 오직 하나님의 말씀을 믿고 예수님을 마음에 영접하여 예수님을 나의 구세주와 주님이라고 입으로 시인할 때 당신은 하나님의 자녀로서 거듭난 자가 되는 것입니다.

3. 거듭난 자의 위치

거듭난 자란 새 사람을 뜻합니다(엡 4:22-24). 그러면 새 사람은 어떠한 위치에 있게 되는지 다음의 성경구절을 찾아 읽고 답을 쓰십시오.

1) 거듭난 자는 누구 안에 있습니까?

고린도전서 1:30 ______________________

2) 누구의 자녀가 되었습니까?

요한복음 1:12 ______________________________

3) 무엇을 받았습니까?

고린도전서 6:11 ______________________________

4) 우리 안에 무엇이 거합니까?

고린도전서 3:16 ______________________________

5) 누구의 지체가 되었습니까?

고린도전서 6:15 ______________________________

6) 그러므로 거듭난 자는 어떻게 살아야 합니까?

에베소서 5:9 "빛의 열매는 모든 __________ __________

__________ 있느니라."

에베소서 2:10 "그리스도 예수안 에서 __________ __________

위하여 지으심을 받은 자니 이 일은 하나님이 전에 예비

하사 우리로 그 가운데서 행하게 하려 하심이니라."

제2과

구원의 확신

당신은 틀림없이 구원받았습니까?

고린도후서 13:5에 "너희는 믿음 안에 있는가 너희 자신을 시험하고 너희 자신을 확증하라 예수 그리스도께서 너희 안에 계신 줄을 너희가 스스로 알지 못하느냐 그렇지 않으면 너희는 버림 받은 자니라."고 하셨습니다. 신자가 구원의 확신을 갖는 것은 당연한 일이며 또 필요한 일이기도 합니다. 즉 구원의 확신이 없으면 구원을 받았음에도 불구하고 온전한 평화와 기쁨을 누리지 못하기 때문입니다. 뿐만 아니라 실제적으로 그리스도인의 책임을 수행하지도 못합니다.

1. 당신은 구원받은 사실을 어떻게 알 수 있습니까?

- 성경의 증거를 통해서 알 수 있습니다. (요일 5:13)
- 성령의 증거를 통해서 알 수 있습니다. (롬 8:16)
- 우리의 경험을 통해서 알 수 있습니다.

1) 하나님의 뜻에 순종하려는 것을 통하여 알 수 있습니다.

요한복음 14:15 "너희가 나를 ________ 나의 ________ 지키리라."

2) 죄를 미워하고 죄를 이겨 나가는 것을 통하여 알 수 있습니다.

요한일서 3:9 "하나님께로부터 난 자마다 _____ _____ 아니하나니 이는 하나님의 씨가 그의 속에 거함이요 그도 __________ 못하는 것은 하나님께로부터 났음이라."

3) 의의 생활을 하려는 것을 통하여 알 수 있습니다.

요한일서 2:29 "너희가 그가 의로우신 줄을 알면 _____ _____ 자마다 그에게서 난 줄을 알리라."

4) 형제를 사랑하려는 것을 통하여 알 수 있습니다.

요한일서 3:14 "우리는 형제를 _____ 사망에서 옮겨 _____ 들어간 줄을 알거니와 사랑하지 아니하는 자는 사망에 머물러 있느니라."

2. 한 번 얻은 구원을 다시 잃을 수 있습니까?

그리스도 안에서 믿음으로 구원받은 사람은 결코 멸망하지 않습니다. 왜냐하면 믿음은 구원을 동반하며, 구원은 영생을 내포하고 있기 때문입니다.

다음 성경구절을 찾아 답하시면서
당신이 가진 구원의 확신을 더욱 굳게 하시기 바랍니다.

1) 믿는 자는 어떻게 됩니까?

요한복음 3:16　"이는 그를 믿는 자마다 ________ 않고
________ 얻게 하려 하심이라."

2) 영생은 언제 얻습니까?

요한복음 5:24　"내 말을 듣고 또 나 보내신 이를 ________ 자는
영생을 얻었고 심판에 이르지 아니하나니
________ ________ 옮겼느니라."

3) 그리스도 안에 있는 자의 생명을 빼앗을 자가 있습니까?

요한복음 10:28　"내가 그들에게 ________ 주노니 영원히
멸망하지 아니할 것이요 또 그들을 내 ________
빼앗을 자가 없느니라."

4) 누가 구원받은 자를 지킵니까?

요한복음 17:12　"내가 그들과 함께 있을 때에 내게 주신 ________
이름으로 그들을 ________ 지키었나이다
그중의 하나도 ________ 않고."

디모데후서 1:12　"내가 믿는 ________ 내가 알고 또한 내가
________ 것을 그날까지 그가 능히
________ 줄을 확신함이라."

5) 구원받은 자도 하나님의 사랑에서 끊어질 수 있습니까?

로마서 8:38-39 "내가 확신하노니 ____________________

____

____

____

____________________ 없으리라."

6) 하나님은 구원받은 자를 어떻게 하십니까?

로마서 8:30 "또 미리 정하신 그들을 또한 부르시고 ____________

그들을 또한 ____________ 하시고

____________ 하신 그들을 또한 ____________

하셨느니라."

3. 구원의 확신이 있는 자의 복은 무엇입니까?

구원의 확신이 있는 그리스도인의 생활은 활기차고 기쁨이 넘치며, 평화가 있고 열심이 있습니다. 아래 성경구절을 읽는 가운데 구원받은 당신에게 놀라운 은혜가 있기를 바랍니다.

다음 성경구절을 읽고 빈칸에 알맞은 낱말을 써넣으십시오.

에베소서 3:12 "우리가 그 안에서 그를 ____________ 말미암아

____________ ____________

가지고 하나님께 ____________ 얻느니라."

요한복음 14:27

"______________ 너희에게 끼치노니 곧 나의
______________ 너희에게 주노라 내가 너희
에게 주는 것은 세상이 주는 것과 같지 아니하니라
너희는 마음에 ______________ 말고
______________ 말라."

요한복음 15:11

"내가 이것을 너희에게 이름은 내 ______________
너희 안에 있어 너희 ______________ 충만하게 하려
함이라."

히브리서 4:16

"그러므로 우리는 ______________ 받고 때를
따라 돕는 은혜를 얻기 위하여 ______________ 보좌
앞에 ______________ 나아갈 것이니라."

제3과

그리스도인의 생활

당신은 그리스도인의 아름다운 생활이 무엇인지 아십니까?

인간의 삶 가운데 가장 아름다운 것은 그리스도인의 생활입니다. 그리스도인의 생활은 이 세상에서 가장 거룩되며 진실하고 또한 아름다우며 가치가 있습니다.

간혹 성령의 은사를 받았다고 자칭하는 사람들에게서 불의와 악독과 교만과 추태를 발견할 수 있는데, 그것은 그들이 진실한 그리스도인이 아니기 때문입니다. 성령으로 거듭난 그리스도인들의 생활의 열매는, 사랑과 희락과 화평과 오래 참음과 자비와 양선과 충성과 온유와 절제입니다(갈 5:22-23). 물론 이제 출생한 그리스도인이 온전할 수는 없습니다. 그러나 하나님께서 거룩하신 것 같이 우리도 거룩해야 합니다(벧전 1:16).

그러면 성령에 의해 거듭난 하나님의 자녀로서의 생활에 대해서 좀더 구체적으로 살펴봅시다.

1. 개인생활

그리스도인의 삶은 복음에 합당하게 생활하는 것입니다(빌 1:27). 그러므로 그리스도인들은 모든 신령한 지혜와 총명에 하나님의 뜻을 아는 것으로 채우고, 주님께 합당하게 행하여 범사에 하나님을 기쁘시게 하고 모든 선한 일에 열매를 맺어 가야 하겠습니다(골 1:9-10).

* 그리스도인의 모범적 개인생활

1) 날마다 성경을 상고하며 그 말씀대로 살아갑시다.

성경은 그리스도인의 양식입니다.

마태복음 4:4 "사람이 떡으로만 살 것이 아니요 하나님의 입으로부터 나오는 모든 ______________ 살 것이라 하였느니라."

그리스도인은 날마다 일정한 시간을 정해 놓고 성경을 읽고 묵상하며 말씀대로 순종해야 합니다.

사도행전 17:11-12 "간절한 마음으로 ____________ 받고 이것이 그러한가 하여 날마다 성경을 ______________ 그중에 ______________ 사람이 많고."

2) 때를 따라 기도하며 필요한 것을 간구하십시오.

기도는 거듭난 자의 호흡이며 하나님과의 대화이며 간구입니다. 그러므로 쉬지 말고 기도하여야 합니다.

데살로니가전서 5:17 ______________________________

누가복음 11:9-10 "내가 또 너희에게 이르노니 ______
그러면 너희에게 주실 것이요 ______
그러면 찾아낼 것이요
문을 ______ 그러면 너희에게
열릴 것이니 구하는 이마다 ______ 것이요
찾는 이는 ______ 것이요
두드리는 이에게는
______ 것이니라."

3) 구원받지 못한 사람들에게 복음을 전파해야 합니다.

사도행전 1:8 "오직 ______ 너희에게 임하시면
너희가 ______ 받고 예루살렘과 온
유대와 사마리아와 땅 끝까지 이르러 내 ______
되리라 하시니라."

4) 범사에 선한 청지기가 되어 맡은 일에 충성을 다해야 합니다.

베드로전서 4:10 "각각 ______ 받은 대로 하나님의 여러
가지 ______ 맡은 선한
______ 같이 서로 ______."

5) 성령의 감화를 소멸하지 말고 영적인 생활을 위해 성령의 아홉 가지 열매를 맺읍시다. 갈라디아서 5:22-23을 읽고 암송하십시오.

2. 가정생활

가정은 하나님의 아름다운 작품입니다. 사람들은 하나님께서 꾸며 주신 가정에서 서로 믿고 의지하며 사랑하고 도우며 살아갑니다. 또한 하나님을 예배하며 섬기는 가운데 믿음을 성장시켜 갑니다. 그러나 사람들이 지은 죄로 인해 사랑과 기쁨과 평안이 사라지고 파괴된 가정이 수없이 많습니다.

거듭난 자는 가정을 새롭게 해야 할 의무가 있습니다.

다음 성경구절을 읽고 적으십시오.

사도행전 16:31 ______________________

____

____

____

*** 믿는 자의 가정의 특징은,**

1) 주의 말씀으로 자녀들을 훈계하고 양육합니다.

에베소서 6:4 "아비들아 너희 자녀를 ____________ 하지 말고 오직 주의 ____________ 양육하라."

2) 가족들이 한자리에 모여서 예배드립니다.

사도행전 10:2 "그가 경건하여 온 ________ 더불어 하나님을 ________ 백성을 많이 구제하고 하나님께 항상 ________."

3) 주 안에서 남편은 아내를 사랑하고 아내는 남편에게 복종합니다.

에베소서 5:25 "남편들아 아내 ________ 그리스도께서 교회를 ________ 그 교회를 위하여 자신을 ________ 같이 하라."

에베소서 5:22 "아내들이여 자기 남편에게 ________ 주께 하듯 하라."

4) 주 안에서 부모를 공경하고 순종합니다.

에베소서 6:1 "자녀들아 ________ 안에서 너희 ________ 순종하라 이것이 옳으니라."

5) 믿지 않는 이웃에게 본이 되어 그들을 주께로 인도합니다.

마태복음 5:16 "이같이 너희 ________ 사람 앞에 ________ 하여 그들로 너희 ________ ________ 보고 하늘에 계신 너희 ________ ________ 돌리게 하라."

* **당신 자신에게 물어 보십시오.**

1) 당신은 거듭났습니까?

2) 당신은 자신 속에 계시는 성령의 임재하심을 깨닫습니까?

3) 당신은 그리스도 안에서 새 사람이 되었습니까?

4) 당신은 분명히 구원받았습니까?

5) 당신이 받은 구원은 영원한 것임을 확신하십니까?

6) 당신은 거듭난 자로서 새로운 생활을 시작하고 계십니까?

"그리스도인의 생활"이란?

잘하셨습니다!

당신은 참으로 아름다운 생활을 하십니다. 어떠한 일이 있을지라도 이 귀한 생활을 포기하지 마십시오. 당신은 지금부터 새로운 탐험을 시작하실 것입니다. 놀라운 경험을 할 때마다 기록해 두셨다가 이웃에게 신앙의 산 체험을 간증하십시오. 간증은 당신이 할 수 있는 가장 좋은 전도 방법 중의 하나입니다.

이제 당신은 '성장의 생활'을 공부하시게 됩니다.

더욱 힘내셔서 충실히 공부하시기 바랍니다.

"새 사람을 입었으니 이는 자기를 창조하신 이의 형상을 따라 지식에까지 새롭게 하심을 입은 자니라."(골로새서 3:10)

신앙의 결심은 새로운 생활을 의미합니다.
새로운 생활이 없는
신앙은 있을 수 없습니다.
그것은 믿음으로 말미암아,
죄인이었던 당신이
그리스도를 영접함으로
죄에 대하여 죽고
그리스도와 함께
새 생명을 얻었기 때문입니다.

제3단원 성장의 생활

당신은 계속해서 영적으로 성장해야 합니다.

당신의 신앙은 하나님의 말씀을 깨닫고, 삶에 적용할 때 성장할 수 있습니다.

제3단원

성장의 생활

우리는 요한복음 3:36의 "아들을 믿는 자에게는 영생이 있고." 라는 말씀을 가끔 잘못 이해할 때가 있습니다. 즉 우리가 그리스도를 영접하는 순간에 구원받는다고 한다면, 그 이상 무엇을 해야 할 필요가 있겠느냐고 생각하는 것입니다. 그러나 그것은 잘못된 생각입니다. 왜냐하면, 믿기로 결심하는 것은 완성을 의미하는 것이 아니라 시작에 불과하기 때문입니다.

당신은 계속해서 영적으로 성장하여야 합니다. 유아의 성장에는 균형 있는 영양 공급과 적당한 활동, 그리고 질병을 예방하는 세심한

보호가 필요합니다. 이처럼 영적 신생아도 그 성장에 있어서 영적 양식과 영적 활동 및 시험에 대한 경계와 예방이 있어야 합니다.

당신의 신앙은 하나님의 말씀을 깨닫고, 삶에 적용할 때 성장할 수 있습니다. 반드시 신앙이 성장해야 하는 것은 하나님의 마음에 합한 자가 되어 하나님의 이름을 영화롭게 하며, 또한 이웃에게 복음을 전하며, 참된 생활을 하기 위해서입니다.

성장의 요소는 앞으로 다른 단원에서도 다루게 되는데 이번 단원에서는 영적 양식에 대하여 연구해 보기로 하겠습니다.

제1과

성장

1. 당신은 그리스도 안에서 영적으로 미숙한 상태입니다

거듭난다는 것은 그리스도 안에서 출생하는 것을 의미합니다. 당신의 나이가 20세, 50세 혹은 80세라 할지라도 그리스도를 당신의 마음에 영접하여 거듭나는 순간, 당신은 영적으로 방금 출생한 갓난 아이입니다. 영적으로는 비록 갓난 아이라 하더라도 당신이 하나님의 자녀인 것은 틀림없습니다. 그러나 당신은 영적으로 미숙합니다. 이것을 의미하는 다음의 성경구절을 찾아 읽으신 후에 기록해 보십시오.

그리스도를 영접하면 어떻게 됩니까?

고린도후서 5:17

베드로는 이것을 어떻게 표현했습니까?

베드로전서 2:2

바울은 그리스도 안에 들어온 자를 어떻게 대했습니까?

고린도전서 3:1

지금부터 "성장"에 대해서 공부해 봅시다.

2. 당신은 자라지 않으면 안 됩니다

갓난아이가 출생하여 1년, 3년, 5년 혹은 10년이 지나도록 그대로 있다고 한다면 비정상이 아닐 수 없습니다. 이와 같이 영적으로 출생한 당신이 성장하지 않는다면 당신의 영적 상태도 비정상인 것입니다. 정상적인 그리스도인은 거듭나는 순간부터 영적으로 무럭무럭 자라게 됩니다.

1) 성장의 필요(딤전 4:15)

사도 바울은 사랑하는 디모데에게 "이 모든 일에 전심 전력하여 너의 __________ 모든 사람에게 나타나게 하라."라고 부탁했습니다.

왜 당신은 자라야 하는지 아래 성경구절을 찾아 연구합시다.

골로새서 1:10 "주께 합당하게 행하여 범사에 기쁘시게 하고 모든 선한 일에 열매를 맺게 하시며 __________ __________ 것에 자라게 하시고."

디모데후서 3:17 "이는 하나님의 사람으로 __________ 하며 모든 선한 일을 __________ __________ 갖추게 하려 함이라."

에베소서 4:14 "이는 우리가 이제부터 어린 아이가 되지 아니하여 사람의 속임수와 간사한 유혹에 빠져 온갖 교훈의 풍조에 밀려 __________ 않게 하려 함이라."

마가복음 4:8 "더러는 좋은 땅에 떨어지매 자라 ______________ ______________ 삼십 배나 육십 배나 백 배가 되었느니라."

2) 성장의 표준

당신은 어느 정도 자라야 할지 아십니까? 어떤 그리스도인들은 어느 정도까지 자라다가 성장이 멈춥니다. 그 원인은 그가 자기 나름대로 표준을 세워 놓고 그것으로 만족하고 있기 때문입니다.

마태복음 5:48에는, "그러므로 하늘에 계신 너희 아버지의 온전하심과 같이 너희도 온전하라."고 기록되어 있습니다.

당신은 성경의 표준에 도달할 수 있도록 성장하여야 합니다. 다음 성경 구절들을 연구해 보십시오.

빌립보서 3:12 "내가 이미 얻었다 함도 아니요 온전히 이루었다 함도 아니라 오직 내가 그리스도 예수께 잡힌 바 된 그것을 ______________ 달려가노라."

베드로후서 1:5-7 "그러므로 너희가 더욱 ______________ 너희 믿음에 덕을, 덕에 지식을, 지식에 절제를, 절제에 인내를, 인내에 경건을, 경건에 형제 우애를, 형제 우애에 사랑을 더하라."

에베소서 4:13 "우리가 다 하나님의 아들을 믿는 것과 아는 일에 하나가 되어 온전한 ________ 이루어 그리스도의 ________ 분량이 충만한 데까지 이르리니."

당신은 하나님을 기쁘시게 하고 또한 이웃을 도울 수 있기까지 계속해서 자라야 합니다.

3. 당신은 어떻게 자라갈 수 있습니까?

갓난아이가 출생하면 무엇으로 양육됩니까? 처음에는 젖으로 양육되고 점점 자라면서 단단한 음식을 먹고 성장하지 않습니까?

이와 같이 영적으로 갓 태어난 당신은 부드러운 영의 양식을 먹으며 활동함으로써 자랄 수 있습니다.

1) 영의 양식은 무엇입니까?

마태복음 4:4 "사람이 떡으로만 살 것이 아니요 하나님의 입으로부터 나오는 모든 ________ 살 것이라 하였느니라."

요한복음 6:27 "썩을 양식을 위하여 일하지 말고 ________ 있는 양식을 위하여 하라 이 ________ 인자가 너희에게 주리니."

디모데후서 3:16-17 "모든 ________ 하나님의 감동으로 된 것으로 교훈과 책망과 바르게 함과 의로 교육하기에 유익하니 이는 하나님의 사람으로 ________ 하며 모든 선한 일을 행할 능력을 갖추게 하려 함이라."

2) 당신은 성경을 매일의 양식으로 삼아야 합니다.

베드로전서 2:2 "갓난 아기들 같이 순전하고 ________ 젖을 사모하라 이는 그로 말미암아 너희로 구원에 이르도록 자라게 하려 함이라."

디모데전서 4:6 "네가 이것으로 형제를 깨우치면 그리스도 예수의 좋은 일꾼이 되어 ________ ________ 네가 따르는 좋은 ________ 양육을 받으리라."

디모데전서 4:12-13 "오직 말과 행실과 사랑과 믿음과 정절에 있어서 믿는 자에게 본이 되어 내가 이를 때까지 ________ 것과 ________ 것과 ________ 것에 전념하라."

제2과

성경

하나님의 말씀은 살았고 운동력이 있어 그 말씀을 통하여 당신의 신앙이 싹트며, 그 말씀의 양식을 먹고 성장하여 하나님과 자신과 세계에 대한 지식을 얻고, 능력을 힘입어 열심 있는 신앙생활 그리고 승리하는 삶을 살 수 있게 됩니다.

1. 성경이란 무엇입니까?

1) 성경은 하나님의 말씀입니다.

출애굽기 20:1 "하나님이 이 모든 ______________ 말씀하여 이르시되."

누가복음 8:11 "씨는 하나님의 ______________."

2) 하나님께서 사람에게 그 말씀을 하신 것입니다.

베드로후서 1:21 "예언은 언제든지 사람의 뜻으로 낸 것이 아니요 오직 ______________ 감동하심을 받은 사람들이 ______________ 받아 말한 것임이라."

2. 성경의 구분

성경은 단 한 권으로 된 책이 아니라, 여러 권의 책을 하나로 묶은 것입니다. 성경은 두 부분으로 나뉘어져 있으며, 구약은 창세기로부터 말라기까지 히브리어로 기록되었고, 신약은 마태복음에서 요한계시록까지 헬라어로 기록되어 있습니다. 성경의 목차를 살펴서 구약과 신약이 각각 몇 권인지 아래에 적으시오.

구약 ______________ 권 | 신약 ______________ 권

성경은 한 시대에 다 쓰여진 것이 아니라, 주전 1500년경부터 주후 100년경까지 긴 세월에 걸쳐 구약은 28명, 신약은 8명의 저자에 의하여 여러 장소에서 쓰여진 책입니다.

3. 성경의 목적

1) 성경은 당신이 죄인인 것을 깨닫게 합니다.

갈라디아서 3:22 "그러나 성경이 모든 것을 ______________ 가두었으니 이는 예수 그리스도를 믿음으로 말미암는 약속을 ______________ 자들에게 주려 함이라."

2) 구원의 도리를 알게 하기 위함입니다.

요한복음 20:31 "오직 이것을 기록함은 너희로 예수께서 하나님의 아들 그리스도이심을 ______ 하려 함이요 또 너희로 믿고 그 이름을 힘입어 __________ 얻게 하려 함이니라."

3) 그리스도인의 생활 원리를 알기 위함입니다.

디모데후서 3:16-17 "모든 성경은 ________ __________ 된 것으로 교훈과 책망과 바르게 함과 의로 교육하기에 ________ 이는 하나님의 사람으로 온전하게 하며 모든 ______ ______ 행할 능력을 갖추게 하려 함이라."

제3과

하나님

태초에 하나님이 천지를 창조하셨습니다(창 1:1). 그리고 자기 형상대로 사람을 만드셨습니다(창 1:27). 하나님은 누구실까요? 당신은 하나님을 바로 알고 하나님께 영광 돌리는 일에 힘써야 합니다.

1. 하나님은 절대자이십니다

성경구절을 읽고 (　　) 안에 관계 있는 것의 번호를 쓰십시오.

1) 하나님은 한 분이십니다	(　)	시편 139:7-10
2) 하나님은 모든 것을 아십니다	(　)	야고보서 1:17
3) 하나님은 전능하십니다	(　)	이사야 9:6
4) 하나님은 어디에나 계십니다	(　)	시편 44:21, 역대상 28:9
5) 하나님은 변함이 없으십니다	(　)	고린도전서 8:6
6) 하나님은 영원하십니다	(　)	시편 102:12, 다니엘 6:26

2. 하나님은 인격을 가지신 분이십니다

아래 성경구절을 찾아 하나님의 인격에 대해서 알아봅시다.

마태복음 6:32　“너희 하늘 아버지께서 이 모든 것이 너희에게 있어야 할 줄을 ______________________.”

지금부터 "하나님"에 대해서 공부해 봅시다.

히브리서 13:16 "오직 선을 행함과 서로 나누어 주기를 잊지 말라 하나님은 이같은 제사를 ________________."

요한복음 6:40 "내 아버지의 ________ 아들을 보고 믿는 자마다 영생을 얻는 이것이니 마지막 날에 내가 이를 다시 ____________."

3. 하나님은 영이십니다

하나님은 인격을 가지신 분이지만 사람과 같이 형체를 갖고 계시지는 않습니다.

요한복음 4:24 "하나님은 __________ 예배하는 자가 __________ 진리로 예배할지니라."

4. 하나님은 도덕적 성품을 가지고 계십니다

1) 하나님은 거룩(聖)하십니다.

베드로전서 1:16 "내가 ______________ 너희도 거룩할지어다."

2) 하나님은 의(義)로우십니다.

로마서 3:26 "곧 이때에 자기의 __________ 나타내사 자기도 __________ 또한 예수 믿는 자를 의롭다 하려 하심이라."

3) 하나님은 사랑(愛)이십니다.

요한일서 4:7-8 "사랑하는 자들아 우리가 서로 __________ 사랑은 __________ 속한 것이니 사랑하는 자마다 하나님으로부터 나서 하나님을 알고 사랑하지 아니하는 자는 하나님을 알지 못하나니 이는 __________ 사랑이심이라."

제4과

예수 그리스도

당신의 신앙의 대상은 예수 그리스도이십니다. 당신은 예수 그리스도에 대하여 정확히 알고 잘 믿어야 합니다. 예수께서는 제자들에게 "사람들이 인자를 누구라 하느냐?"(마 16:13-16)고 물으셨습니다. 예수 그리스도는 누구실까요?

1. 예수 그리스도의 인성

예수 그리스도는 본래 하나님이셨으나 사람의 모양으로 이 세상에 오셨기에(빌 2:6-8) 인간적인 성품을 갖고 계셨습니다. 이것을 그리스도의 인성이라고 합니다.

성경구절을 읽고 ( ) 안에 관계 있는 것의 번호를 쓰십시오.

1) 마리아에게 나심	( ) 요한복음 11:35
2) 지혜와 키가 자람	( ) 누가복음 2:5-6
3) 피곤을 느끼심	( ) 마태복음 27:50
4) 눈물을 흘리심	( ) 누가복음 2:52
5) 시험을 받으심	( ) 마태복음 4:1
6) 죽으심	( ) 요한복음 4:6

2. 예수 그리스도의 신성

예수 그리스도는 근본 하나님의 본체시기 때문에 하나님으로서의 성품 즉 신성을 소유하신 분입니다. 신성을 나타내는 성경구절과 관계있는 것의 번호를 써넣으십시오.

1) 영원토록 동일하심	( )	히브리서 1:3
2) 만물을 창조하심	( )	요한복음 11:43-44
3) 죽은 자를 살리심	( )	히브리서 13:8
4) 만물을 붙드시고 죄를 정결하게 하심	( )	골로새서 1:16

3. 예수 그리스도께서 하신 일

1) 예수님이 우리를 위해 죽으심

베드로전서 2:24 "친히 나무에 달려 그 몸으로 우리 죄를 담당하셨으니 이는 우리로 죄에 대하여 ________ 의에 대하여 ________ 하려 하심이라 그가 채찍에 맞음으로 너희는 나음을 얻었나니."

2) 예수님의 부활로 우리도 부활하게 됨

로마서 6:8-9 "만일 우리가 그리스도와 함께 죽었으면 또한 그와 함께 ________ 줄을 믿노니 이는 그리스도께서 죽은 자 가운데서 살아나셨으매 다시 죽지 아니하시고 ________ 다시 그를 주장하지 못할 줄을 앎이로라."

3) 승천하셔서 하나님 우편에서 우리를 위해 간구하심

로마서 8:34 "누가 정죄하리요 죽으실 뿐 아니라 다시 살아나신 이는 그리스도 예수시니 그는 하나님 우편에 계신 자요 ____________________ 위하여 ____________________ 자시니라."

4) 예수님의 재림

마태복음 24:30-31 "그때에 인자의 징조가 하늘에서 보이겠고 그때에 땅의 모든 족속들이 통곡하여 그들이 인자가 구름을 타고 능력과 큰 영광으로 ____________ 것을 보리라. 그가 큰 나팔소리와 함께 천사들을 보내리니 그들이 그의 택하신 자들을 하늘 이 끝에서 저 끝까지 사방에서 모으리라."

제5과

성령

1. 성령의정의

성령은 삼위일체(三位一體) 중에서 한 분이십니다. 삼위일체란 아버지 하나님, 아들이신 하나님, 성령이신 하나님께서 한 분이라는 뜻입니다(마 28:19).
성령을 소홀히 할 때 우리는 영적 능력을 받지 못합니다. 성령은 히브리어로 "루아흐"이며, 헬라어로 "퓨뉴마"로서 호흡, 바람 혹은 공기라는 뜻입니다.

2. 성령의 인격

1) 성령은 무엇을 아십니까?

고린도전서 2:11

2) 성령을 어떻게 하지 말라고 하였습니까?

에베소서 4:30

"성령"에 대해서 공부해 봅시다.

3. 성령은 하나님이십니다

성경구절을 읽고 (   ) 안에 관계 있는 것의 번호를 쓰십시오.

1) 어디에나 계심	( )	시편 139:7
2) 모든 것을 아심	( )	고린도전서 12:8-11
3) 모든 것을 행하심	( )	고린도전서 2:10

4. 성령께서 하시는 일

성령의 역사가 무엇인지 아래 성경구절을 찾아 요점만 기록하십시오.

요한복음 15:26 ______________________________

요한복음 3:5 ______________________________

고린도전서 3:16 ______________________________

사도행전 2:4 ______________________________

요한복음 14:26

로마서 8:16

로마서 8:26

고린도전서 12:8

고린도후서 1:22

로마서 14:17

갈라디아서 5:22-23

*보혜사 : '도움을 주시는 분', '상담자', 위로자', '조언자' 등을 뜻하는 이 용어는, 예수님께서 성령을 소개할 때 사용하셨습니다(요한복음 14:16, 26; 15:26; 16:7). 보혜사 성령은 본래 예수님을 증거하시는 분이시며, 그리스도인들이 예수를 증거하도록 도우시는 분이십니다.

그리스도인의 성장은 하나님의 말씀과 아울러 예배와 전도와 교육과 봉사를 통해서 이루어집니다. 다음 단원은 '교회의 생활' 입니다.

"너희는 처음부터 들은 것을 너희 안에 거하게 하라 처음부터 들은 것이 너희 안에 거하면 너희가 아들과 아버지 안에 거하리라." (요한일서 2:24)

당신은 계속해서 영적으로 성장하여야 합니다.

당신의 신앙은 하나님의 말씀을 깨닫고,

삶에 적용할 때 성장할 수 있습니다.

반드시 신앙이 성장해야 하는 것은

하나님의 마음에 합한 자가 되어

하나님의 이름을 영화롭게 하며,

또한 이웃에게 복음을 전하며,

참된 생활을 하기 위해서입니다.

제4단원 교회의 생활

거듭난 성도는 그리스도께서 피로 값 주고 사신 교회의 지체입니다.
지체는 또 다른 별도의 개체가 아니라 몸의 한 부분입니다.

제4단원

교회의 생활

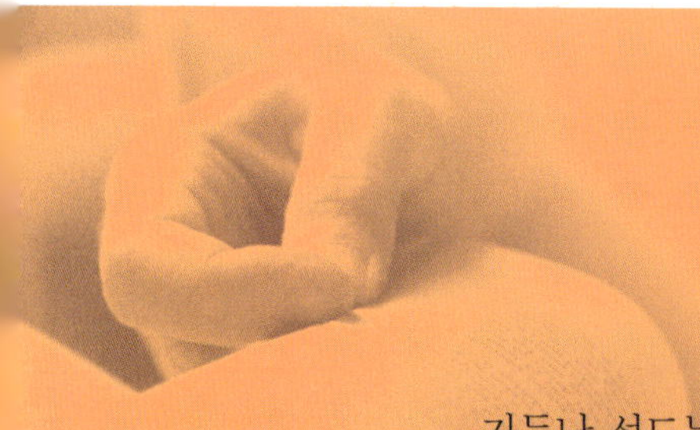

거듭난 성도는 그리스도께서 피로 값 주고 사신 교회의 지체입니다. 지체는 또 다른 별도의 개체가 아니라 몸의 한 부분입니다. 이와 같이 신자는 그리스도를 영접하는 순간부터 하나님의 자녀가 되는 동시에 교회의 회원으로 공동체 안에 속하게 됩니다. 이것을 교회생활이라고 합니다. 그리스도인의 교회생활은 지체로서의 역할을 다하는 데 있습니다.

이 역할이란 고통스러운 짐이 아니라 자연스러운 생활입니다. 이 생활은 외면적인 표현이 아니라, 마음속에서부터 우러나오는 행위입니다. 이 행위를 통하여 그리스도인의 생활은 밝고 힘 있으며, 평화와 감사가 넘칩니다. 이 놀라운 은혜와 평안이 충실한 교회생활에서 얻어진다는 사실을 감안할 때 당신은 이 교재를 열심히 공부할 필요가 있습니다.

제1과

교회

일반적으로 예배당을 '교회'로 인식하고 있는 경우가 많습니다. 그러나 예배당은 예배드리는 곳은 될지언정 교회는 아닙니다.

1. 교회란 무엇인가?

예수 그리스도를 개인의 구세주와 주인으로 영접하여 구원을 받은 하나님의 백성들이, 함께 모여서 예배드리고 복음을 전파하며 말씀을 배우기도 하며 가르치기도 하고 교제하며 봉사하는 모임이 바로 교회입니다.

1) 성경에서 교회의 정의를 찾아보고 빈칸을 채우십시오.

에베소서 1:23 "교회는 그의 ______________."

골로새서 1:18 "그는 ______________ 교회의 머리시라."

고린도전서 12:27 "너희는 ______________ ______________ 지체의 각 부분이라."

에베소서 5:30 "우리는 그 ______________ 지체임이라."

여기서 우리가 알아야 할 것은 그리스도는 교회의 머리요, 교회는 몸이며, 신자는 지체로서 서로 연합되어 있다는 것입니다.

2) '교회'라는 단어의 의미

교회라는 단어의 참된 의미는 '에클레시아'라는 헬라어에서 비롯되었습니다. 그뜻은 '불러냄을 받은 무리들'입니다. 헬라인들은 이말을 '자유민들이 공중의 일을 서로 의논하기 위하여 각 가정이나 직장에서 불리어 나와 모이는 집회'를 뜻하는 말로 사용했습니다. 헬라어로 쓰여진 신약성서에서 교회라는 낱말을 인용한 곳을 찾아 그 의미를 알아봅시다.

마태복음 16:18	"내가 이 반석 위에 내 ______를 세우리니 음부의 권세가 이기지 못하리라."
마태복음 18:17	"만일 그들의 말도 듣지 않거든 ______에 말하고 ______의 말도 듣지 않거든 이방인과 세리와 같이 여기라."
사도행전 8:3	"사울이 ______를 잔멸할새 각 집에 들어가 남녀를 끌어다가 옥에 넘기니라."

3) A.H. 뉴만박사의 정의

교회란, "같은 주를 섬기는 신앙으로 인하여 결합하고, 같은 구원받은 자로서의 공동의 목적과 주장에 참여함으로써 뭉쳐진 하나의 유기체라 할 수 있는 구속함을 받은 자들의 온전한 단체"라고 정의하였습니다.

2. 교회의 시작

1) 교회를 세우신 분이 누구인지 다음 성경구절을 읽고 빈칸을 채우십시오.

마태복음 16:18 "내가 이 ________ 위에 내 ________ 세우리니 음부의 권세가 이기지 못하리라."

2) 교회가 언제부터 시작되었는지 다음 성경구절을 읽고 빈칸을 채우십시오.

사도행전 1:4 "사도와 함께 모이사 그들에게 분부하여 이르시되 예루살렘을 떠나지 말고 내게서 들은 바 아버지께서 ________________ 것을 기다리라."

사도행전 2:1-4 "________ 날이 이미 이르매 그들이 다같이 한 곳에 모였더니 홀연히 하늘로부터 급하고 강한 바람 같은 소리가 있어 그들이 앉은 온 집에 가득하며 마치 불의 혀처럼 갈라지는 것들이 그들에게 보여 각 사람 위에 하나씩 임하여 있더니 그들이 다 ________ ________ 받고."

그렇습니다. 교회의 시작은 예수 그리스도입니다.

3. 교회의 사명

1) 땅끝까지 그리스도의 증인이 되는 것입니다.

사도행전 1:8 "오직 성령이 너희에게 임하시면 너희가 권능을 받고 예루살렘과 온 유대와 사마리아와 땅 끝까지 이르러 내 ________ 되리라 하시니라."

2) 모든 민족을 제자를 삼아 그리스도의 분부하심을 가르쳐 지키도록 해야 합니다.

마태복음 28:19-20 "그러므로 너희는 가서, 모든 ________ 제자로 삼아 아버지와 아들과 성령의 이름으로 ________ 베풀고 내가 너희에게 ________ 모든 것을 ________ ________ 하라."

제2과

교회 회원

누구나 예수 그리스도를 믿고 거듭난 자는 그리스도의 몸인 교회의 회원이 됩니다.

1. 교회 회원의 자격

아무나 교회 회원이 될 수 없습니다. 교회에 출석한다는 것만으로 교회 회원이 되는 것은 아닙니다. 교회 회원이 될 수 있는 자격은 다음과 같습니다.

1) 거듭나야 합니다.

교회 회원은 남녀의 구별이나 연령의 차이를 두지 않습니다. 다만 예수님이 자신의 구세주와 주님이심을 믿고 따를 때에만 인정됩니다.

다음 성경구절을 읽고 빈칸을 채워 보십시오.

마태복음 16:16 "시몬 베드로가 대답하여 이르되 주는 ________ 살아 계신 ________ 아들이시니이다."

요한복음 1:12 "영접하는 자 곧 그 ________ 믿는 자들에게는 하나님의 ________ 되는 ________ 주셨으니."

"교회 회원"에 대해서 공부해 봅시다.

교회는 거듭난 자들의 모임이기 때문에 중생한 자만이 교회 회원이 됩니다.

2) 침(세)례를 받아야 합니다.

교회는 같은 주를 섬기는 침(세)례 받은 무리들의 공동체입니다. 그러므로 교회의 회원이 되려면 그리스도께서 분부하신 명령에 따라 침(세)례를 받아야 합니다.

마태복음 28:19을 읽고 아래 물음에 답하십시오.

누구의 이름으로, 무엇을 행하라 하였습니까?

사도행전 2:41에서 제자의 수에 든 사람은 어떠한 사람들이었습니까?

"그 말을 ____________ 사람들은 ____________ 받으매."

3) 회원으로 가입하여야 합니다.

침(세)례받은 것만으로 교회 회원이 되는 것은 아닙니다. 교회는 당신에게 침(세)례를 베푼 후에 당신의 진정한 의사에 따라 교회 회원이 되어 줄 것을 기대하고 있습니다.

그러므로 당신은 침(세)례 받은 즉시 당신의 자유로운 의사에 따라 교회를 선택하여야 하며 가입을 해야 합니다.

교회 회원이 될 수 있는 단계를 기록해 보십시오.

______ ➔ ______ ➔ ______

2. 교회 회원의 의무

교회 회원이 되는 것은 하나님의 자녀들에게 가장 큰 명예와 자랑입니다. 이와 같은 그리스도인의 영예는 교회 회원으로서의 의무를 성실히 수행함으로 얻어지는 것이므로 회원들은 각자가 교인의 의무에 충실하여야 합니다.

1) 교회의 정규 집회에 열심히 출석하여야 합니다.

사도행전 2:46 "날마다 마음을 같이하여 성전에 ______ 힘쓰고."

2) 신앙 규범을 준수하여야 합니다.

교인들은 교회의 교리를 믿어야 하며 성찬에 참여하고 교회 공동생활 규범을 준수하여야 할 의무가 있습니다.

사도행전 2:42 "그들이 사도의 ______ 받아 서로 ______ 떡을 ______ 오로지 기도하기를 힘쓰니라."

3) 성경과 교회의 뜻에 따라 헌금을 드리는 생활을 해야 합니다.

말라기 3:10 "만군의 여호와가 이르노라 너희의 온전한 ________ 창고에 들여 나의 ________ 양식이 있게 하고 그것으로 나를 시험하여 내가 하늘 문을 열고 너희에게 복을 쌓을 곳이 없도록 붓지 아니하나 보라."

4) 교회 사업에 협조하여야 합니다.

베드로전서 4:10을 읽고, 그 구절을 기록하십시오.

____

____

____

____

____

____

제3과

교회생활

당신은 교회생활에 만족하고 있습니까?

시편 기자가 시편 23편에서 고백한 것과 같이, 교회생활은 당신의 영혼을 소생시키고 심령의 갈급함을 충족시켜 주며 강건하게 해줄 뿐만 아니라 쉼과 평안을 가져다 줍니다. 그러므로 당신은 열심히 교회생활을 하여야 합니다.

교회생활은 크게 예배와 교육 및 봉사와 성도의 교제와 증거로 나눌 수 있습니다.

1. 예배

예배는 살아 계신 하나님의 임재를 그가 창조한 만물 안에서 느끼고 내 죄를 인하여 고난을 당하신 그의 아들 예수 그리스도의 은혜를 힘입어, 성령의 감동하심에 따라 믿음으로 자신을 바치는 찬양과 감사와 간구와 헌신의 표현입니다.

1) 하나님은 예배하는 자들을 찾으십니다.

요한복음 4:23 "아버지께 참되게 ______________ 자들은 영과 진리로 ______________ 때가 오나니 곧 이때라 아버지께서는 자기에게 이렇게 ______________ 자들을 찾으시느니라."

"교회생활"에 대해서 공부해 봅시다.

하나님은 거룩한 예배를 기뻐하십니다.

로마서 12:1 "그러므로 형제들아 내가 하나님의 모든 자비하심으로 너희를 권하노니 너희 몸을 ________________ ________________ 거룩한 산 제물로 드리라 이는 너희가 드릴 ____________ ____________."

예배는 영과 진리로 드려야 합니다.

요한복음 4:24 "하나님은 영이시니 ________________ 자가 영과 진리로 예배할지니라."

2) 예배의 종류

(1) 새벽 기도회: 매일 새벽에 교회에서 기도회로 모입니다.

사도행전 5:21 "그들이 듣고 ____________ 들어가서 가르치더니."

(2) 주일 낮 예배: 대부분 오전 시간에 드리지만, 큰 교회에서는 시간대를 구분하여 차례로 오후에까지 계속 예배를 드리기도 합니다.

신약교회는 예수님께서 부활하신 안식 후 첫날에 모여 예배를 드렸습니다.

사도행전 20:7 "그 주간의 ______________ 우리가 떡을 떼려 하여 모였더니."

고린도전서 16:2 "매주 ______________ 너희 각 사람이 수입에 따라 모아 두어서 내가 갈 때에 연보를 하지 않게 하라."

(3) 주일 밤(오후) 예배: 대개 주일 밤(오후)에 찬양 예배로 모입니다.

(4) 수요 예배: 대개 수요일 저녁에 기도회로 모입니다.

(5) 가정 예배: 각 가정에서 일정한 시간을 정하여 매일 혹은 주 중에 가족끼리 모여 예배를 드립니다.

(6) 기타: 어떤 특별한 목적이 있을 때에도 예배로 모입니다.

3) 예배 순서

(1) 기도: 기도는 하나님과의 대화입니다. 우리가 육신의 아버지에게 의논하고 필요를 부탁하는 것처럼, 하나님께 자연스럽게 간구하는 것입니다.

처음 기도하시는 당신은 다음의 순서대로 기도하십시오. 기도하기가 어렵게 느껴지면 종이에 써서 할 수도 있습니다.

① 기도는 하나님 아버지께 하십시오.
② 하나님의 은혜에 대하여 감사하십시오.
③ 자기의 죄를 고백하십시오.
④ 자기의 필요를 간구하십시오.
⑤ 교회와 가족과 이웃을 위하여 기도하십시오.
⑥ 예수 그리스도의 이름으로 기도드리십시오.

(2) 찬송: 하나님의 은혜에 대한 감사와 영광을 찬미하기 위하여 찬송을 부릅니다.

에베소서 5:19　"시와 찬송과 신령한 ____________ 서로 화답하며 너희의 마음으로 주께 ____________ 찬송하며."

(3) 설교: 설교는 하나님의 신령한 진리를 설명하는 것으로 성경을 기초로 하여, 인간을 구원할 목적으로 사람에게 선포되어지는 말씀입니다. 그러므로 교회 회원은 하나님의 말씀을 듣는 데 열중해야 하며 생활에 적용시켜야 합니다.

사도행전 17:2에서 바울은 언제 무엇을 가지고 강론하였습니까?

① 언제: ____________
② 무엇으로: ____________

(4) 헌금 : 헌금은 예배자의 몸과 마음과 생활 전체를 묶어서 하나님께 드리는 예배 순서의 한 표현입니다. 헌금에는 다음과 같은 것이 있습니다.

① 주일마다 바치는 주일헌금 ( )

② 감사하는 마음으로 바치는 감사헌금 ( )

③ 자기 수입의 십분의 일을 바치는 헌금 ( )

④ 구제하는 일을 위하여 바치는 헌금 ( )

다음 성경구절을 위의 관련된 ( ) 안에 기록하십시오.

ㄱ. 마가복음 12:41-42 ㄴ. 사도행전 11:27-30

ㄷ. 말라기 3:10 ㄹ. 고린도전서 16:2

2. 교육

교회 회원은 피차 가르침을 받는 동시에 가르쳐야 합니다. 성경 교육은 교회생활에서 매우 중요합니다. 이는 성경 교육을 통하여 하나님의 뜻과 진리와 명령과 규범을 알 수 있을 뿐만 아니라 진리를 수호할 수 있는 담대함과 말씀을 전할 수 있는 능력을 얻게 됩니다.

1) 성경 교육의 내용

마태복음 28:19-20을 읽고, 무엇을 가르쳐야 한다고 예수님이 말씀하셨는지 그것을 써 보십시오.

2) 성경 교육의 방법

사도행전 17:11-12 "베뢰아의 유대 사람들은 데살로니가에 있는 사람들보다 더 너그러워서 간절한 마음으로 ______ 받고 이것이 그러한가 하여 ______ 성경을 ______ 그중에 믿는 사람이 많고."

교회에는 교회학교가 있습니다. 당신은 당신 연령에 맞는 교회학교 반에 들어가 성경 공부를 할 수 있습니다.

3) 성경 교육의 결과

사도행전 19:20 "이와 같이 주의 말씀이 힘이 있어 ______ 세력을 얻으니라."

사도행전 6:7 "하나님의 ______ 점점 왕성하여 예루살렘에 있는 ______ 수가 더 심히 ______ 허다한 제사장의 무리도 이 ______ 복종하니라."

3. 성도의 교제

교회 안에서 성도의 생활 가운데 가장 아름다운 모습은 성도들 간의 교제입니다. 그리스도는 성도들에게 화목하게 하는 직책을 주셨습니다.

고린도후서 5:18 "그리스도로 말미암아 우리를 자기와 화목하게 하시고 또 우리에게 ______________ 하는 ______________ 주셨으니."

초대교회는 모일 때마다 성도의 교제를 두텁게 하였습니다.
사도행전 2:42-47을 읽고, 그중 46절을 기록하십시오.

4. 봉사

봉사란 하나님의 사랑에 대한 반응입니다. 그러므로 봉사는 억지로 하는 것이 아니라 자원해서 기쁘게 하는 것입니다.

1) 무엇이 우리를 봉사하게 하는지 다음 성경구절을 읽고 써 보십시오.
고린도후서 5:14

2) 봉사자의 자세는 어떠하여야 하겠습니까?
고린도전서 4:2

3) 로마서 12:3-13을 읽은 후, 당신이 교회에서 봉사할 분야의 일을 찾아 적어 보십시오.

당신이 출석하고 있는 교회에 어떤 기관들이 있는지 알아보십시오. 교회 기관은 바로 당신이 봉사할 수 있는 곳입니다. 당신이 봉사하고자 하는 기관명을 아래에 적어 보십시오.

제4과

우리나라의 대표적 교단들

1. 장로교 (Presbyterian Church)

장로교회는 16세기 종교개혁 시대에 제네바에서 사역한 장 칼뱅(Jean Calvin)이라는 신학자에 의하여 시작되었습니다. 당시 교회의 타락에 개혁의 기치를 들고 일어난 칼뱅은 하나님의 절대주권과 인간의 전적 타락, 은혜에 의한 구원 등의 교리로 그 세력을 확장하게 됩니다. 장로교회의 가장 큰 특징은 행정 제도에 있는데 목사와 장로로 구성되는 당회에서 교회의 행정 업무를 관할합니다. 그리고 노회와 총회가 있으며 이들은 당회의 상위 기관으로 교리와 교회 지도에 관한 방침을 세우고 교헌을 제정하고 개정합니다.

우리나라에 장로교회가 처음 들어온 것은 1885년에 미국의 북장로교 선교사인 언더우드(Horace G. Underwood) 목사에 의해서이며 지금은 우리나라에서 가장 큰 교세를 가지고 있습니다.

2. 감리교 (Methodist Church)

감리교회의 기원은 18세기 초에 교회가 부패하는 것을 안타까워 하던 존 웨슬리(John Wesley)가 몇 명의 동지들을 규합하여 홀리 클럽(Holy Club)을 조직하고 성결한 생활을 엄중히 지키면서 성경 연구와 함께 목양의 심정으로 사람들을 도운 데서 출발합니다.

감리교회가 한국에 처음 들어온 것은 1885년 미국에서 들어온 아펜젤러(H. G. Appenzeller) 목사 부부와 스크랜턴(W. B. Scranton) 의사 부부 등에 의해서입니다. 감리교회의 특징은 조직에 있는데 말 그대로 감독제의 행정

으로 중앙집권적인 조직을 가지고 있으며 감독은 총회에서 투표로 선출하지만 감독에게는 행정의 전권이 주어져 개교회의 목사를 임면하는 권한을 갖습니다. 현재 한국 감리교회는 개교회 목사 파송권을 폐지하였습니다.

3. 성결교 (Holiness Church)

미국인 찰스 E. 카우만(Charles E. Cowman) 부부가 일본에 와서 동양선교회를 세우고 활동을 하다가 1907년 동양선교회 복음전도관이라는 이름으로 서울에서도 활동하던 중, 1921년에 성결교회라는 이름으로 명칭을 변경하고 오늘에 이르고 있습니다.

한국성결교회의 시조인 카우만은 원래 감리교인이었기 때문에 성결교도 감리교의 시조인 존 웨슬리의 신학적 배경을 갖습니다. 존 웨슬리의 성결운동을 계승 발전시킨 성결교회는 중생, 성결, 재림, 신유를 사중복음이라 하여 교단의 신조로 삼고 있습니다. 교회의 조직은 장로교단과 비슷합니다.

4. 순복음 (Pentecostal Church)

오순절교회라고도 하는데, 하나님의 성회(Assemblies of God)가 정식 명칭입니다. 19세기 말에 미국에서 오순절 성령의 역사를 동경하는 성도들이 조직하였고, 교회의 형식이나 특징은 장로주의와 회중주의를 혼합하여 채택하고 있으며, 특별한 점은 매우 열정적인 신앙의 모습을 가지고 있습니다. 한국에서는 1928년 미국의 여선교사인 메리 럼시(Mary C. Rumsey)의 내한으로 시작 되었습니다. 이들의 주장은 오중복음이라 하는데 이는 중생, 성령충만, 신유, 축복, 재림이 그것입니다.

5. 구세군 (Salvation Army)

구세군하면 자선 냄비를 연상할 정도로 우리들에게는 사회사업을 잘하는 교단으로 인식되어 있지만, 구세군는 19세기 중반에 윌리엄 부스(William Booth)에 의해 창설하였습니다. 그는 원래 감리교 목사였는데 영국 런던의 슬럼에서 복음전도운동을 하면서 효율적인 복음전도를 위하여 군대 조직을 채용한 데서 기인합니다. 이들은 교회를 영문이라 칭하며 조직뿐만 아니라 복장, 직분도 군대식으로 제정하였습니다. 교회 정치도 감독정치를 합니다. 구세군이 한국에 들어온 것은 1908년 영국의 허가드(Colonel Hoggard) 정령(목사)이 구세군 전도단을 데리고 와서 집회를 가진데서 출발합니다.

6. 성공회 (Anglican Church)

성공회는 로마 교회로부터 독립, 종교개혁을 경험한 영국 교회에서 태동했습니다. 대한성공회는 에드워드 벤슨(Edward Benson) 대주교가 한국 선교를 결심하고 존 코프(C. John Corfe, 한국명 : 고요한) 신부를 1890년에 한반도에 파송함으로써 선교의 장을 열게 되었습니다. 대한성공회는 1992년에 영국 성공회의 총본산이 있는 캔터베리 대교구 관하에서 독립관구로 승격했는데 구교적 전통과 개신교의 이상을 가진 교회입니다.

7. 침례교 (Baptist Church)

침례교회는 특별히 교단을 창설한 창설자가 있는 것이 아니라 신약성경의 원리와 주장에 근거해서 교회를 치리합니다. 대개 침례교회의 특징을 침례의식과 유아세례를 하지 않는 것에서 찾지만, 보다 중요한 특징은 '개교회주의' 인데 각각 지역 교회가 주체가 되어 민주적으로 교회를 치리합니다. 신앙의 자유를 중요한 덕목으로 존중하는 침례교회의 가장 큰 특징은 직접 민주정치를 한다는 것입니다. 우리나라에 침례교회가 처음 들어온 것은 1889년 캐나다의 선교사인 말콤 펜윅(Malcolm C. Fenwick)에 의해서였고, 한국전쟁 이후 미국의 남침례교회에서 적극적인 선교활동을 펴서 현재 우리나라의 주요 교단에 속해 있습니다.

이외에도 종교개혁자 루터의 신앙을 따르는 루터교회, 초대교회로 환원을 주장하는 그리스도의 교회 등이 있습니다.

다양한 교단이 있다는 것은 신학적 성향이 다른 인간의 다양한 욕구에 호응하여 선교를 극대화하는데 효과적입니다. 교단은 개교회 차원에서 하기 어려운 사업을 조직화한다든지, 복음을 전파하고 이단을 방지하는 것 등의 여러 가지 사역들을 효율적으로 할 수 있는 이점이 있습니다.

Bonus Study

침례교회

침례교회는 신약성서와 연조가 같은 교회입니다. 침례교인들은 하나님의 말씀인 성경만을 신앙과 생활의 최고 권위로 굳게 믿는 성도들입니다.

현재, 전세계 130여개 국에서 침례교세계연맹(BWA)에 가입하여, 교회수 16만여 개, 침례교인 약 6천만 명, 등록교인 1억5천만여 명이 신앙생활을 하고 있습니다. 한국의 침례교회는 1889년 캐나다로부터 내한한 말콤 C. 펜윅(Malcolm C. Fenwick, 1863-1935년) 선교사와 더불어 시작되었습니다. 1900년대 초기 침례교인들은 함경남도 원산을 중심으로 북쪽 지역에 복음을 전파했으며 압록강을 건너 만주, 시베리아, 북간도까지 복음의 씨를 뿌렸습니다. 이 시대의 침례교인들은 자신의 생명을 조금도 귀히 여기지 않았고, 많은 분들이 순교를 당하면서도 복음 증거하는 일에 생애를 바쳤습니다. 아울러 현재 한국에는 2,700여 교회에 75만여 명의 침례교인들이 주님께 순종하고 하나님의 말씀인 성경을 배우고 가르치며, 하나님이 기뻐하시는 선교사업을 완수하기 위해 열심히 전도하면서 신앙생활을 하고 있습니다.

이제 침례교회의 특성에 대하여 좀더 구체적으로 배우도록 하겠습니다. 교단이 신앙생활의 절대조건이 아니지만, 자신이 속한 교회의 교단을 알아야 합니다. 왜냐하면 신앙생활의 내용과 질에 많은 영향을 받기 때문입니다. 침례교인이 된 것을 자랑스럽게 여기고 좋은 신앙의 전통을 배워서, 신앙생활에 많은 유익을 누리십시오.

침례교회의 특성

침례교회가 강조하는 교리와 고수하는 특수성이 성서적이라는 면에서, 침례교의 교리는 곧 신약성서의 교리라는 특성이 있습니다. 침례교인은 무엇보다도 신앙과 생활의 최고 권위로써 성서를 하나님의 영감 받은 말씀으로 믿고 따르는 데, 이것이 침례교회의 가장 큰 특색입니다.

1. 신앙과 생활의 최고 권위로써의 성경 (딤후 3:16)

1) 성경의 저자는, 성령님이라는 사실과 성경 66권은 과오가 없는 하나님의 말씀이라는 사실을 확신합니다.
2) 성경은 생활의 지침서이며, 그 안에는 그리스도를 통하여 인간을 구원하시려는 하나님의 구원 계획이 있다고 믿습니다.
3) 성경을 읽어야 하며, 공부해야 하고, 묵상해야 하며, 가르치고 전파해야 하며, 그 교훈에 따라 살아야 합니다.
4) 성경을 전통이나 신조, 이 세상의 어떤 인물의 교훈이나 저서와 비교하지 않고, 인간 생활에 절대 권위를 가진 하나님의 말씀으로 믿습니다.
5) 성경은 함부로 해석되어서는 안 되며, 성령님의 도움을 받아 해석해야 된다고 믿습니다.

2. 교회와 국가의 분리 (롬 13:1-7; 마 22:21)

국가는 하나님께서 세우신 것이며, 그리스도인들은 국가의 법률을 지키고 명령에 순종해야 합니다. 그러나 교회와 국가는 분리되어 서로 간섭하지 말아야 합니다.

3. 은혜를 인하여 믿음으로 얻는 구원 (엡 2:8-9)

구원은 은혜를 인하여 믿음으로 얻는 것이지 행위로 얻는 것이 아닙니다. 중생 없이는 구원도 없습니다(요 3:3). 중생은 우리를 새 사람이 되게 하며(고후 5:17), 값없이 얻는 선물입니다(롬 6:23). 중생을 통한 구원은 취소될 수 없습니다(롬 8:35-39).

4. 민주적 자치제로써의 교회 (마 20:25-27; 행 1:15-22; 6:2-6)

1) 중생한 교인의 회원권: 교회의 구성원은 침례받은 회원들입니다.
2) 모든 회원의 동등한 권리: 모든 회원은 동등한 권리를 갖습니다.
3) 자치제로써의 교회: 민주적 다수결 원칙에 의하여 교회 사업을 의논하고 결정해 나갑니다.

5. 개교회주의

개교회는 민주적 방식으로 말씀과 성령님의 지도를 따라 스스로의 문제를 해결합니다. 그러나 지방회나 총회를 통하여 서로 협동하고 연합 사업에 참여해야 합니다.

6. 신자의 제사장 직분 (롬 3:19; 행 13:39; 히 4:16; 벧전 2:9)

각 신자는 하나님과 사람 앞에서 각각 책임과 능력을 가진 존재입니다. 각 사람은 하나님과 개인적으로 교제하여 기도하며 은혜의 보좌 앞으로 담대히 나아갈 수 있는 것입니다.

7. 모든 신자의 전도적 사명 (행 1:8; 마 28:19-20)

성경은 모든 신자가 "그리스도의 증인"이라고 했습니다. 그러므로 우리는 땅 끝까지 나가서 사람들을 가르치고 제자를 삼고 침례를 주어야 할 사명이 있습니다.

8. 청지기로서의 삶 (벧전 4:10; 눅 16:1-10)

성도는 예수 그리스도를 구주로 뿐만 아니라 주인으로 모셔야 합니다. 삶의 주인으로 모시는 생활, 즉 선한 청지기의 삶을 살아야 합니다. 선한 청지기가 될 때, 기쁜 마음으로 헌신과 봉사와 십일조를 할 수 있을 것입니다.

9. 침례와 주의 만찬

1) 침례

(1) 방법과 의미: 침례라는 말의 헬라어 원어는 '밥티스마' 로 물속에 잠

긴다는 뜻이 있습니다. 예수 그리스도를 믿고 구원을 얻은 사람은 온 몸을 물속에 잠그는 의식인 침례를 받아야 합니다.

침례는 예수 그리스도의 구속의 의미를 상징적으로 나타내는 행위로써, 물속에 잠기는 것은 죽음을 나타내고, 물속에 있는 것은 장사 지냄을 나타내며, 물 위로 올라오는 것은 새 생명을 얻는 것, 즉 의로운 신분으로 부활하는 것을 상징합니다(롬 6:3-11; 골 2:12).

(2) 대상: 예수 그리스도를 개인의 구주와 주님으로 영접하고 구원의 확신을 가진 사람입니다.

(3) 목적: 예수 그리스도의 명령에 순종하기 위함입니다. 주님은 전도하라는 명령과 가르치라는 명령 못지않게 침례를 주라고 명령하셨습니다(마 28:19-20). 그러나 침례는 구원의 요건이 될 수 없습니다.

(4) 시기: 침례를 받기까지 일정한 기간이 필요한 것은 아닙니다. 예수 그리스도를 구주와 생활의 주인으로 모셔 들인 성도는 언제라도 침례를 받을 수 있습니다.

2) 주의 만찬

(1) 의미: 주의 만찬은 예수 그리스도의 상하신 몸과 흘리신 보혈을 기념하는 뜻으로 행합니다(고전 11:24-25). 그러므로 주의 만찬 자체에는 신비한 능력이 없습니다.

(2) 대상: 중생하고 침례받은 성도라야 합니다. 중생한 자라 할지라도 마음의 준비가 되어 있지 않은 성도는 가급적 삼가는 것이 좋습니다(고전 11:27-29).

(3) 목적: 주의 만찬은 주님의 몸과 피를 기념하는 목적에서 침례와 마찬가지로 그리스도의 명령이기 때문에 순종하는 마음으로 행합니다. 성도는 이 의식을 통하여 그리스도와 더불어 그리고 다른 성도들과 더불어 끊임없이 교제하며 새로운 영적 체험을 하게 됩니다.

10. 침례교회의 직분

1) 목사: 목사는 장로 또는 감독이라고도 불립니다. 목사와 장로와 감독은 한 가지 직분의 각각 다른 기능을 설명하는 말입니다(행 20:17, 28). 즉 장로는 경험이 많고 존경받을 만한 연장자를 뜻하며, 감독은 교회 전체를 맡아서 돌보는 사람이며, 목사는 목자를 의미하는 말로서, 주의 성도들에게 영의 양식을 공급하고 바른길로 인도하는 직분을 말합니다. 우리는 이 세 가지 명칭이 각각 다른 직분을 뜻하는 것이 아니라, 하나의 직분을 설명하는 다른 명칭이란 사실을 알아야 합니다. 즉 경험과 지도력이 있는 사람(장로)이, 교회를 다스리고(감독), 양떼를 먹이고 인도한다는(목사) 의미인 것입니다. 따라서 침례교회는 장로와 감독을 따로 두지 않습니다.

2) 집사: 집사 직분은 사도행전 6:1-6에서 유래했습니다. 예루살렘 교회는 최초로 일곱 집사를 선출하여 기도하고 안수하였습니다. 집사의 자격은, (1) 성령이 충만한 사람 (2) 지혜가 충만한 사람 (3) 칭찬 듣는 사람이며, 더 자세한 집사의 자격은 디모데전서 3:8-12에 있습니다.

그리스도인의 교회 생활은 지체로서의 역할을 다 하는데 있습니다.

이 역할이란 고통스러운 짐이 아니라,

자연스러운 생활입니다.

이 생활은 외면적인 꾸밈이 아니라.

마음속에서부터 우러나오는 표현입니다.

이 표현을 통하여 그리스도인의 생활은

밝고 힘이 있으며 평화와 감사가 넘칩니다.

이 놀라운 은혜와 평안이 충실한 교회 생활에서 얻어질 수 있다면,

당신은 이 책을 열심히 공부할 필요가 있을 것입니다.

제5단원 경건의 생활

하나님의 은혜와 믿음으로 구원받은 하나님의 백성은
선을 행하여 하나님을 기쁘시게 해야 됩니다.

제5단원

경건의 생활

제법 신앙의 연륜이 있는 사람 가운데도 '경건의 생활'이 무엇인지 모르는 사람이 있는 것 같습니다. 즉 하나님의 은혜와 믿음으로 구원은 받았지만 그리스도인으로서 열매 맺는 생활을 하지 못하는 것입니다. 뿐만 아니라, 교회 안에서 중생하지 못한 사람이 경건의 생활에 대한 말을 듣고 자기 나름대로의 선행을 하려고 무척 애쓰는 모습을 발견하기도 합니다. 그런 사람들은 믿음으로 구원을 얻은 과정도 없이 그저 자기 자신의 인격만 잘 수양하면 그리스도인이 되는 줄로 오인하고 있기 때문입니다.

그러나 선행으로 구원받지 못하며 오직 믿음으로 구원받는다고 우리는 배웠습니다(갈 2:16). 또한 중요한 것은 구원받은 하나님의 백성은

"경건의 생활"에 대하여 연구해 보기로 하겠습니다.

경건의 생활을 해야 된다는 것입니다. 행함이 없는 믿음은 죽은 믿음이라고 했습니다(약 2:17). 하나님의 은혜와 믿음으로 구원받은 하나님의 백성은 선을 행하여 하나님을 기쁘시게 해야 됩니다. 이것을 공식으로 표시하면 다음과 같습니다.

은혜+믿음 = 구원+선행

참된 경건은 하나님을 향한 마음에서 비롯됩니다. 거룩하신 하나님께서는 죄악을 소멸하시기 때문에, 경건한 사람은 세상과 죄에서 분리되어야 합니다. 하나님과 친밀히 사랑의 교제를 나누며 그리스도를 닮아 가는 것입니다. 우리의 생활 속에서 말씀대로 사는 것을 의미합니다.

제1과

그리스도인의 신분

당신은 가장 존귀한 신분을 가졌음을 자각하고 있습니까? 바울 사도는 "우리의 시민권은 하늘에 있는지라."(빌 3:20)라고 하였습니다. 성경은 성도들의 신분이 얼마나 존귀한 것인가를 한마디로 표현할 수가 없어서 여러 가지로 설명하고 있습니다. 그중에서 세 가지만 공부합시다.

1. 당신은 하나님의 자녀입니다

요한복음 1:12-13 "영접하는 자 곧 그(예수) 이름을 믿는 자들에게는 하나님의 __________ 되는 __________ 주셨으니 이는 혈통으로나 육정으로나 사람의 뜻으로 나지 아니하고 오직 ____________________ 난 자들이니라."

믿는 자는 누구나 하나님의 자녀입니다.

하나님의 자녀로서의 품성은 성령에 의하여 새로워지고, 그리스도의 형상을 본받아 고상한 인격을 갖추게 됩니다.

다음 성경구절을 읽고, 빈칸을 채우십시오.

"그리스도인의 신분"에 관하여 공부해 봅시다.

로마서 8:14 "무릇 ______ 영으로 ______ 받는
17절까지 읽으십시오. 사람은 곧 ______ 아들이라"

에베소서 5:1 "그러므로 사랑을 받는 ______ 같이 너희는 ______ 본받는 ______ 되고."

왜 하나님의 자녀로 삼으셨습니까?

에베소서 2:10 "그리스도 예수 안에서 ______ 일을 위하여 ______ 받은 자니."

하나님의 자녀인 당신은 왕자와 같은 품위를 갖추어야 합니다. 이것은 외양적인 것보다 내면적인 인격에서 풍겨 나와야 합니다.

다음 성경구절을 읽고, 빈칸을 채우십시오.

디모데전서 6:11 "오직 너 하나님의 ______ 이것들을 피하고 의와 경건과 ______ 사랑과 ______ ______ 따르며."

당신은 하나님 자녀이기 때문에 하나님의 자녀 된 인격의 품위를 손상시키는 어떠한 일도 행하여서는 안 됩니다.

2. 당신은 그리스도의 신부입니다

그리스도의 신부인 당신은 신랑 되신 예수님께서 다시 오실 때까지 정결과 순결을 지켜 나가야 합니다.

성경구절을 읽고 그리스도인의 윤리적 행위를 살펴봅시다.

고린도후서 11:2 "내가 하나님의 열심으로 너희를 위하여 열심을 내노니 내가 너희를 ________ 처녀로 한 남편인 ________ 드리려고 중매함이로다."

다음 성경구절들을 계속 읽어가면서 당신의 성결된 생활을 이어가시기 바랍니다.

야고보서 4:8 "두 마음을 품은 자들아 ________ ________ 하라."

마태복음 10:16 "너희는 뱀 같이 ________ 비둘기 같이 ________."

디모데전서 2:9 "이와 같이 여자들도 ________ 옷을 입으며 소박함과 정절로써 ________ 단장하고."

당신은 그리스도의 신부로서 몸의 추잡함과 시기와 살인과 분쟁과 악행을 멀리하고 단정한 몸가짐을 가져야 합니다.

3. 당신은 성령의 전(殿)입니다

당신 안에 하나님의 성령이 거하시므로 당신은 하나님의 성전입니다. 그러므로 당신은 하나님의 성전인 마음을 더럽혀서는 안 됩니다.

고린도전서 3:16-17을 아래에 기록하십시오.

성령은 당신 안에 거하십니다. 그러므로 성도는 자신의 마음속에서 더러운 것들을 다 제거하여야 합니다.

고린도전서 3:17 "하나님의 성전은 ______ 너희도 그러하니라."

그러므로 마음의 순결을 가져야 합니다.

성령이 당신의 마음속에 들어오시기 전에 당신의 마음은 어떠했는지 아십니까?

로마서 1:28-29을 읽고, 아래에 적어 보십시오.

성령이 당신에게 임하신 후에 당신은 어떻게 변화되는지 아래에 적어 보십시오.

갈라디아서 5:22-24

제2과

그리스도인의 행실

그리스도인을 나무로 비유한다면, 그 나무의 열매는 그리스도인의 행실을 의미합니다. 좋은 나무마다 아름다운 열매를 맺고, 못된 나무가 나쁜 열매를 맺는 것처럼 믿음이 좋은 그리스도인은 그 믿음의 열매가 아름다운 행실로 나타나게 되는 것입니다(마 7:17-18).

1. 빛으로서의 행실

참 빛은 예수 그리스도시며, 성도는 그 빛을 받아 반사하는 빛입니다.

1) 성도를 향하여 "너희는 세상의 빛이라."고 하셨는데 이 빛의 근원은 누구십니까? 맞는 것에 V 표 하십시오(요 1:4, 9).

☐ 예수 그리스도　　☐ 침(세)례 요한

2) 아래 성경구절을 읽고 빈칸에 맞는 말을 넣으십시오.

마태복음 5:16　"이같이 너희 ________ 사람 앞에 비치게 하여 그들로 너희 착한 ________ 보고 하늘에 계신 너희 아버지께 ________ 돌리게 하라."

3) 빛의 열매는?

에베소서 5:9　"빛의 열매는 모든 ________ ________ 있느니라."

"그리스도인의 행실"에 관하여 공부해 봅시다.

4) 그리스도인은 빛의 갑옷을 입고 항상 낮과 같이 단정히 행해야 합니다. 로마서 13:12-14을 읽고, 빛의 갑옷을 입고 우리가 해야 할 일과 하지 말아야 할 것은 무엇인지 알아보세요. 그런 후, 하지 말아야 할 것에 V 표 하십시오.

- ☐ 방탕과 술 취함
- ☐ 가난한 자를 구제함
- ☐ 음란과 호색
- ☐ 쟁투와 시기
- ☐ 정욕을 도모함

2. 소금으로서의 행실

소금은 자신이 녹아서 없어질 때 그맛의 가치를 드러냅니다. 이와 같이 그리스도인들이 세상에 들어가 희생될 때 그리스도가 나타나게 됩니다.

1) 아래 성경구절을 읽고 빈칸에 맞는 말을 넣으십시오.

마태복음 5:13 "너희는 세상의 ______________ 소금이 만일 그맛을 잃으면 무엇으로 짜게 하리요 후에는 아무 쓸 데 없어 다만 밖에 버려져 사람에게 밟힐 뿐이니라."

2) 우리 속에 소금을 두고 서로 화목하라고 하셨는데, 이 소금은 누구 인가요? 맞는 것에 V 표 하십시오(막 9:50; 고후 5:18).

□ 예수 그리스도　　□ 예수를 믿는 성도들

3) 소금은 어떤 것이며 무엇을 하는지 다음 성경구절을 찾아 맞는 말을 빈칸에 넣으십시오.

골로새서 4:6　"항상 은혜 가운데서 소금으로 ________ 냄과 같이 하라."

누가복음 14:34　"소금이 ________ 것이나 소금도 만일 그 맛을 잃으면 무엇으로 ________ 하리요."

마가복음 9:50　"너희 속에 소금을 두고 서로 ________ 하시니라."

3. 향기로운 행실

마가복음 14:3-9에 보면, 마리아가 지극히 비싼 향유 나드 한 옥합을 가져다가 예수님의 발에 부었습니다. 향유 냄새는 집에 가득했습니다. 예

수님은 "그가 내게 좋은 일을 했다."고 하시면서 "온 천하에 어디서든지 복음이 전파되는 곳에는, 이 여자가 행한 일도 전해져서, 사람들이 이 여자를 기억하게 될 것이다."고 하셨습니다. 마리아가 향유 냄새로 집안을 가득 채운 것처럼 우리 성도는 향기와 같은 아름다운 행실로 세상을 가득 채워야 하겠습니다.

고린도후서 2:14-16을 읽고, 다음 중 맞는 것에 모두 V 표 하십시오.

1) 믿는 자는 하나님 앞에서 그리스도의 향기이며, 향기는 아름다운 행실을 말한다. □
2) 그리스도인은 믿는 자끼리만 아름다운 행실을 보이면 된다. □
3) 구원을 얻은 자들에게나 불신자들에게나 모든 사람에게 아름다운 행실을 보여야 된다. □
4) 믿음으로 구원을 얻었으니 행실이야 어떻든 상관이 없다. □

제3과

승리의 생활

그리스도인에게는 유혹과 시험이 그림자처럼 따라다닙니다. 이것은 바로 하나님의 자녀가 된 증거이기도 합니다. 마귀가 우리를 넘어뜨리려고 온갖 수단과 방법을 다 쓰지만, 하나님께서는 우리에게 힘을 주셔서 이기도록 하십니다.

1. 유혹과 시험

유혹은 성도를 타락시키려는 마귀의 꾐이며, 시험은 성도의 신앙을 측정하는 계기가 되고, 스스로를 깨우쳐 돌아보게 합니다.

1) 유혹은 어떤 사람이 받는지 다음 성경구절을 찾아 읽고, 빈칸에 맞는 말을 기록하십시오.

베드로후서 2:14 "__________ 못한 __________ 유혹하며."

2) 유혹에 끌리는 것은 무엇 때문입니까?

베드로후서 2:18 "육체의 __________ 중에서 유혹하는도다."

"승리의 생활"에 관하여 공부해 봅시다.

3) 다음 문제의 빈칸을 채우십시오.

고린도전서 10:13 "사람이 감당할 ________ 밖에는 너희가 당한 것이 없나니 오직 하나님은 미쁘사 너희가 ____________ 못할 시험 당함을 허락하지 아니하시고 시험 당할 즈음에 또한 ________ ________ 내사 너희로 ____________ 감당하게 하시느니라."

4) 다음 문제의 답을 쓰십시오(약 1:2-4).
시험을 당할 때에도 온전히 기뻐해야 하는 이유는 무엇인가요?

인내하여야 할 이유는 무엇인가요?

5) 야고보서 1:12-14을 읽고, 다음 문제의 답을 쓰십시오.
왜 시험을 참아야 하는가요?

왜 사람이 시험을 받나요?

6) 위의 성경구절에서 하나님이 시험을 받지도 않고, 친히 아무도 시험하지 않으신다는 말은 무슨 뜻인가요? 맞는 것에 V 하십시오.

(1) 하나님은 악의로 시험하지 않으신다. □

(2) 하나님은 선의로도 시험하지 않으신다. □

(3) 하나님은 선악 간에 절대로 시험하지 않으신다. □

7) 시험을 이기지 못하면 어떠한 결과를 가져옵니까?

야고보서 1:15 " ______ 잉태한즉 ______ 낳고 ______ 장성한즉 ______ 낳느니라."

2. 유혹과 시험을 이기는 방법

대적이 아무리 강해도 주님을 굳게 믿고 의지하면 넉넉히 이기는 것입니다.

1) 다음 성경구절을 읽고, 빈칸을 채우십시오.

로마서 8:37 "그러나 이 모든 일에 우리를 ______ 이로 말미암아 우리가 ______ 이기느니라."

2) 다음 성경구절을 읽고, 빈칸을 채우십시오.

히브리서 2:18 "그(예수)가 시험을 받아 __________ 당하셨은즉 시험 받는 자들을 능히 __________ 수 있느니라."

3) 예수님께서는 마귀가 시험할 때 오직 말씀으로 물리치셨습니다. 다음 성경구절을 읽고 빈칸을 채우며 말씀으로 마귀를 물리치신 예수님의 방법을 배웁시다.

마태복음 4:4 "예수께서 대답하여 이르시되 기록되었으되 사람이 __________ 살 것이 아니요 하나님의 입으로부터 나오는 모든 __________ 살 것이라 하였느니라 하시니."

마태복음 4:7 "예수께서 이르시되 또 기록되었으되 주 너의 하나님을 __________ 말라 하였느니라 하시니."

마태복음 4:10 "이에 예수께서 말씀하시되 사탄아 __________ 기록되었으되 주 너의 하나님께 경배하고 다만 그를 섬기라 하였느니라."

3. 시험을 이기기 위해 피해야 할 것

대결하여 싸울 수 없는 것은 피해야 합니다(창 39:12).

피해야 할 것 세 가지를 쓰십시오(고전 6:18; 딤전 6:9-11; 딤후 2:22).

1)

2)

3)

4. 적극적으로 싸워야 할 것

마귀와 정면으로 대적하여 싸워야 합니다.

1) 싸워야 할 대상을 열거하십시오(약 4:7; 벧전 5:8-9; 엡 6:12).

2) 히브리서 12:4을 읽고 맞는 것에 ○표, 틀린 것에 ×표 하십시오.

(1) 우리가 죄와 싸우지 않았다는 말이다. (　　)

(2) 우리가 죄와 싸우기는 싸웠다는 말이다. (　　)

(3) 우리가 죄와 끝까지 싸우지 않았다는 말이다. (　　)

3) 싸우는 자는 하나님의 전신갑주를 입어 영적으로 무장해야 합니다. 다음 성경구절을 읽고, 밑줄 친 곳을 채우십시오.

에베소서 6:11 "마귀의 간계를 능히 대적하기 위하여 ________ 의 ____________ 를 입으라."

4) 에베소서 6:10-17을 읽고 서로 관계 있는 낱말의 번호를 쓰십시오.

(1) 진리	( ) 호심경
(2) 의	( ) 허리띠
(3) 평안의 복음	( ) 말씀
(4) 믿음	( ) 방패
(5) 구원	( ) 투구
(6) 성령의 검	( ) 신

"그런즉 너희가 어떻게 행할지를 자세히 주의하여 지혜 없는 자 같이 하지 말고 오직 지혜 있는 자 같이 하여 세월을 아끼라 때가 악하니라 그러므로 어리석은 자가 되지 말고 오직 주의 뜻이 무엇인가 이해하라 술 취하지 말라 이는 방탕한 것이니 오직 성령으로 충만함을 받으라 시와 찬송과 신령한 노래들로 서로 화답하며 너희의 마음으로 주께 노래하며 찬송하며 범사에 우리 주 예수 그리스도의 이름으로 항상 아버지 하나님께 감사하며 그리스도를 경외함으로 피차 복종하라."(엡 5:15-21)

당신은 그리스도인으로서 빛과 소금과 향기나는 행실을 통하여 복음의 증거자가 되기로 서약하시겠습니까?

이제 마지막 단원 '헌신의생활'을 공부하게 됩니다. 끝까지 최선을 다하여 신앙의 원리를 분명하게 배우고, 삶에 적용하십시오.

제법 믿은 지 오래 되었다고 하는 사람 가운데서도

"경건의 생활"이 무엇인지 모르고 있는 사람이 있는 것 같습니다.

즉 하나님의 은혜와 믿음으로 구원은 받았지만

그리스도인으로서 열매 맺는 생활을 하지 못하는 것입니다.

구원받은 하나님의 백성은

경건의 생활을 해야 합니다.

행함이 없는 믿음은 죽은 믿음이라고 했습니다.

그의 은혜와 믿음으로 구원받은 하나님의 백성은

선행을 행하여 하나님을 기쁘시게 해야 되는 것입니다.

제6단원 헌신의 생활

많은 사람들이 하나님께 쓰임 받고 성령충만한 생활을 하는 것은
그가 자신을 하나님께 드렸기 때문입니다.

제6단원 헌신의 생활

헌신의 생활이란, 당신 자신을 하나님을 위해서 바치는 삶을 말합니다. 그동안 당신은, 당신이 예수 그리스도로 말미암아 소망을 얻었으며 당신에게도 새 생활이 불가피해졌다는 사실을 깨달았을 것입니다. 즉 자기 중심적인 생활에서 하나님 중심의 생활로 바뀌게 된 것입니다.

헌신의 생활은 그 어떤 생활보다도 보람되고 자랑스러운 생활입니다. 그러므로 우리 성도들은 헌신의 생활을 통해서 말할 수 없는 행복을 맛보게 됩니다. 당신은 헌신의 생활을 함으로써 보다 더 풍성한 인생을

"헌신의 생활"에 대하여
연구해 보기로 하겠습니다.

살게 될 것입니다.

많은 사람들이 하나님께 쓰임 받고 성령충만한 생활을 하는 것은, 그가 자신을 하나님께 드렸기 때문입니다. 한 마디로 헌신은 우리 전 존재를 주님께 드리고, 주님의 관리를 받는 것입니다.

하나님의 뜻이 무엇인지 알 때, 올바로 헌신할 수 있습니다. 복을 받기 위해 사는 것이 아니라 은혜에 감격해서 온전한 기도와 감사를 드리는 실제적인 생활을 의미합니다.

제1과

헌신의 동기

우리가 헌신의 생활을 하는 이유는 무엇입니까?

1. 구원을 받았기 때문입니다

구원받기 전 당신의 생활은 어떠하였습니까? 당신이 아무리 큰 소망을 가졌다 해도 당신은 땅에 속한 자였습니다. 이 사실은 당신을 자주 깊은 회의에 빠지게 하고, 허무하게 하고, 불안하게 하였을 것입니다. 그러나 이제 당신은 예수 그리스도로 말미암아 구원을 얻어 그런 것들에서 자유의 몸이 되었습니다.

1) 성경이 이 사실을 증거합니다.

로마서 5:8 "우리가 아직 ________ 되었을 때에 그리스도께서 우리를 위하여 죽으심으로 ________ 우리에 대한 자기의 ________ 확증하셨느니라."

로마서 4:25

(1) 예수는 ________ 때문에 내어준 바 되었습니다.

(2) 예수는 ________ 하심을 위하여 살아나셨습니다.

2) 이 사실을 생각할 때, 당신은 어떻게 살아야 겠습니까?

로마서 14:8을 읽고 맞는 것에 V 표 하십시오.

지금부터 "헌신의 동기"에 대해서 공부해 봅시다.

(1) 별수 없으니 되는 대로 살자 □
(2) 농사나 짓고, 돈이나 벌자 □
(3) 사나 죽으나 주를 위해 살자 □

빌립보서 1:20 "살든지 죽든지 내 ________ 그리스도가 ________ 되게 하려 하나니."

2. 하나님께서 당신이 하나님의 일을 하기 원하시기 때문입니다

1) 하나님께서 당신을 괴롭히기 위해서 당신이 하나님의 일을 하기 원하시는 것입니까?

로마서 8:30 "정하신 그들을 또한 부르시고 ________ 그들을 또한 의롭다 하시고 의롭다 하신 그들을 또한 ________ 하셨느니라."

2) 그러면 당신은 하나님께서 맡기신 일을 어떻게 해야 겠습니까?

고린도후서 1:20 "하나님의 약속은 얼마든지 ________ 안에서 예가 되니 그런즉 그로 말미암아 우리가 ________ 하여 하나님께 영광을 돌리게 되느니라."

고린도전서 4:2 "________ 자들에게 ________ 것은 충성이니라."

제2과

헌신의 방법

당신은 제1과를 공부하는 동안, 물에 사는 물고기가 자연스럽게 헤엄을 치는 것처럼, 주 안에 사는 자는 스스로 헌신의 생활을 할 수밖에 없다는 사실을 알았을 것입니다. 그러면 이제부터 헌신의 방법을 공부하기로 하겠습니다.

1. 당신은 무엇으로 헌신의 생활을 하겠습니까?

1) 당신 자신을 먼저 하나님께 바치는 것을 통하여 헌신의 생활을 시작하십시오.

사실상, 자신을 하나님께 바치지 않고, 교회 봉사와 물질을 바치는 행위는 짐이 되고 고통일 수밖에 없습니다. 여기에서 '자신'이란 '전부'를 말합니다.

(1) 하나님께서 당신에게 주신 몸으로 헌신할 수 있습니다. 로마서 12:1에서는 몸을 어떻게 하라고 했습니까? 맞는 것에 V 표 하십시오.

① 무기로 삼으라 ☐
② 자랑으로 삼으라 ☐
③ 하나님이 기뻐하시는 거룩한 산 제물로 드리라 ☐

"헌신의 방법"에 대해서 공부해 봅시다.

당신의 몸은 누구에게 영광을 돌려야 합니까? 맞는 것에 V 표 하십시오.

사람들에게 □ 하나님께 □

(2) 당신은 주님께 마음도 드려야 합니다.

마태복음 15:8 "이 백성이 ________ 나를 공경하되 ________ 내게서 멀도다."

에베소서 6:6 "눈가림만하여 ________ 기쁘게 하는 자처럼 하지 말고 ________ 종들처럼 ________ 하나님의 ________ 행하고."

모든 일을 주님을 섬기는 마음으로 하는 것은 당신이 주님께 그 마음을 드린 증거입니다.

(3) 당신은 영혼도 주님의 것임을 알고, 그것도 주님께 드려야 합니다.

요한복음 4:24 "하나님은 ________ 예배하는 자가 ________ 예배할지니라."

예배는 하나님의 은혜에 대한 우리의 헌신의 다짐이며, 우리의 헌신에 대한 하나님의 응답입니다.

(4) 당신은 스스로 옳은 일과 주님께서 기뻐하시는 일을 정하고 그것을 행하여야 합니다.

마태복음 22:37의 말씀을 기억하시기 바랍니다.
여기에서는 우리에게 무엇을 다하라고 하였습니까?

① __________ 다하고
② __________ 다하고
③ __________ 다하여

"주 너의 하나님을 사랑하라."고 하셨습니다.

당신 자신을 드려서 주님께 봉사하는 것은 하나님께서 가장 기뻐하시는 일입니다. 그러므로 물질이 없어서 하나님께 헌신의 생활을 할 수 없다고 핑계하지 말고, 가장 값지고 풍부한 재산인 당신의 신앙을 다하여 정성껏 헌신하십시오. 교회와 이웃과 사회에는 당신을 필요로 하는 곳이 너무도 많습니다.

2) 당신의 시간을 바쳐서 헌신의 생활을 하셔야 합니다.

하나님께 시간을 바치지 않고 헌신의 생활을 할 수는 없습니다. 성경은 시간을 어떻게 사용하라고 가르치고 있는지, 다음 성경구절을 읽어 봅시다.

에베소서 5:15-16 "너희가 어떻게 행할지를 자세히 주의하여 지혜 없는 자 같이 하지 말고 오직 __________ 있는 자 같이 하여 ______________ 아끼라 때가 악하니라."

고린도전서 15:58 "그러므로 내 사랑하는 형제들아 견실하며 흔들리지 말고 항상 __________ 일에 더욱 ____________ 자들이 되라."

당신은 시간을 하나님을 위하여 쓰도록 힘써야 합니다. 주일이나 기타 교회의 모임 시간에 빠짐없이 출석하여 헌신하는 것은 순종하는 자의 바른 자세입니다.

당신은 열심히 교회에 출석하고 계십니까? ____________________

3) 당신의 모든 소유로 헌신할 수 있습니다.

창세기 1:1과 요한복음 1:3에서 우주를 창조하신 분은 누구라고 하셨습니까? 맞는 것에 V 표 하십시오.

(1) 자연히 되었다 ☐
(2) 사람이 지었다 ☐
(3) 석가가 지었다 ☐
(4) 하나님이 지으셨다 ☐

다음 성경구절에서는, 누구에게 주셨다고 했습니까?

사도행전 17:25 "만민에게 ______ 호흡과 ______ 친히 주시는 이심이라."

4) 지으신 것을 우리에게 주실 때는 그것으로 무엇을 하라는 것입니까?

우리가 가진 모든 것은 다 하나님의 것입니다. 우리는 그것을 선하게 사용하여야 할 책임이 있습니다. 더욱이 우리가 얻은 수입의 십 분의 일은 하나님의 것이니 하나님께 바쳐야 합니다.

말라기 3:7-12을 읽고 답해봅시다.

(1) 사람이 무엇을 하였습니까? (8절)

______

(2) 하나님의 것은 무엇입니까? (8절)

______

(3) 하나님의 것을 도둑질하여 어떻게 되었습니까?(9절)

______

(4) 하나님께서는 당신이 무엇을 하기 원하십니까? (10절)

______

이제 당신이 깨달았다면 뒤로 미루지 말고 십일조 헌금을 시작하십시오.

2. 당신은 어떻게 헌신의 생활을 하겠습니까?

바울은, 로마서 1:1에서 "예수 그리스도의 종 바울은 사도로 부르심을 받아 하나님의 복음을 위하여 택정함을 입었으니."라고 말하였습니다. 그리스도인은 누구나 하나님의 복음을 위하여 부르심을 입은 자들입니다.

다음 성경구절을 통하여 당신의 헌신 생활의 방법을 발견해 봅시다.

1) 복음을 가르쳐야 합니다.

마태복음 28:19-20 말씀은, 이미 새신자 훈련을 받아 오는 동안 여러 번 읽어 본 성경구절입니다. 아마도 당신은 그 성경구절을 암송하고 있을 것입니다. 예수님께서 분부하신 모든 것을 어떻게 하라고 하셨습니까?

당신이 다른 사람에게 복음을 가르치는 일은 매우 중요한 일입니다. 그러므로 당신은 잠시 다음의 문제를 생각하셔야 합니다.

2) 복음을 알아야 합니다.

당신은 다른 사람에게 복음을 가르칠 수 있을 만큼 복음을 알고 있습니까? 복음은 날마다 읽고 상고하여야 깨달을 수 있습니다.

사도행전 17:11 "베뢰아에 있는 사람들은 데살로니가에 있는 사람들보다 더 너그러워서 간절한 마음으로 ______ 받고 이것이 그러한가 하여 날마다 ______ 상고하므로."

3) 복음을 믿어야 합니다.

자기가 믿지 않는 것을 가르치는 선생은 어리석은 자입니다. 분명한 가르침은 확신하고 있는 진리를 가르칠 때에만 가능합니다.

마가복음 1:15 "이르시되 때가 찼고 하나님의 나라가 가까이 왔으니 회개하고 ____________________ 믿으라 하시더라."

4) 복음대로 살아야 합니다.

생활을 통한 가르침은 말로 가르치는 것보다 더 힘이 있습니다.

빌립보서 1:27 "오직 너희는 그리스도의 ________________ 합당하게 __________________________."

5) 복음을 전파하여야 합니다.

하나님께서 당신을 불러 구원하시고 봉사하게 하신 것은 복음을 땅 끝까지 전파하기 위함입니다.

제3과

헌신의 결심

당신은 성경을 배워 가면서 스스로 헌신의 생활을 하고 싶은 충동을 느끼고 있을 줄로 압니다. 그렇다면 그것은 말씀을 통하여 역사하시는 성령님의 섭리입니다. 당신은 이 은혜의 기회를 놓쳐서는 안 됩니다.

1. 당신이 헌신을 결심하지 않으면, 사탄은 당신의 마음에서 다른 역사를 일으킵니다

마태복음 13:4에서는, "뿌릴새 더러는 길 가에 ________ 새들이 와서 ________ 버렸고."라고 했습니다.

고린도후서 6:1-2에는, "하나님의 은혜를 ________ 받지 말라."고 하셨습니다.

지금은 바로 ________ 받을 만한 때요,
지금은 바로 ________의 날이라 했습니다.

2. 그러므로 당신은 곧 헌신을 서약하지 않으면 안 됩니다

1) 누가복음 19:2-10에서, 삭개오가 예수님께 자기 결심을 말한 것은 어느 때였습니까? 맞는 번호에 V 표 하십시오.

(1) 예수님을 만나서 바로 ☐
(2) 예수님이 떠나신 후 ☐
(3) 친구들과 상의하고 나서 ☐

2) 마태복음 4:18-22에서, 예수님께서 부르시자 제자들은 어떻게 예수님을 따랐습니까? 맞는 번호에 V 표 하십시오.

(1) 생각할 여유를 달라고 한 후에 ☐
(2) 짐을 챙겨 집에 갖다 두고서 ☐
(3) 부모님들과 상의하여 허락을 얻고서 ☐
(4) 그 즉시 ☐

3. 헌신을 서약한 당신은 그것을 꼭 실행해야 합니다

1) 사도행전 5:1-6을 읽으십시오.

(1) 누가 누구를 속였습니까?

(2) 속인 것은 사람에게 거짓된 것입니까, 하나님께 거짓된 것입니까?

(3) 거짓의 결과는 어떠했습니까?

당신은 헌신하고 싶은 충동을 느낄 때, 부족하다고 생각하거나 부끄러워해서는 안 됩니다. 곧 결심하고 목사님이나 상의할 만한 분을 만나셔서 당신의 심정을 밝히고, 도움을 요청하십시오. 마음으로 다짐한 사실을 하나님께 약속하십시오. 그리고 당신은 그 일을 꼭 실천하여야 합니다. 그렇지 않고 머뭇거리면 당신의 그 귀한 마음은 곧 사라져 버려서 무익하게 될 것입니다.

당신이 구원을 받고 주님을 위하여 평생 헌신의 생활을 하기로 결심하셨다면, 침(세)례받을 수 있도록 교회에 신청하십시오.

제4과

헌신의 보상

당신은, 헌신의 생활을 하는 결과로 어떤 열매가 맺히는지 아십니까?

헌신은 신자의 당연한 일입니다. 그러나 주님은 우리의 헌신을 그대로 지나쳐 버리시지 않고, 좋은 것으로 보상하여 주십니다. 그러므로 우리는 주님께 감사드리지 않을 수 없습니다. 그러면 헌신의 생활에서 오는 은혜는 무엇입니까?

1. 헌신의 생활은 우리로 보람된 삶을 누리게 합니다

빌립보서 2:17 말씀은, 사도 바울이 빌립보 교회에 보낸 글입니다. 그는 제물이 되고, 봉사하는 자가 된 것을 바울은 ______________ 했습니다.

18절에서는, "이와 같이 너희도 ______________ 하고 나와 함께 ______________ 하라."고 했습니다. 즉 헌신의 생활은 기쁨을 주는 보람된 삶을 가져다 줍니다.

"헌신의 보상"에 대해서 공부해 봅시다.

2. 헌신의 생활은 풍성한 삶을 가져다 줍니다

요한복음 15:5에는, 주와 함께 있으면 많은 __________ 를 맺게 된다고 했습니다.

디모데전서 5:18에는, 일꾼이 그 __________ 받는 것이 마땅하다고 했습니다. 즉 헌신의 대가는 일꾼이 품을 팔아 놓은 것 같다는 것입니다.

마태복음 6:33에는, 하나님을 위해 살면 어떻게 된다고 했습니까? 맞는 것에 V 표 하십시오.

- 가난하게 된다 ☐
- 바보가 된다 ☐
- 모든 것을 더하여 주신다 ☐

3. 마음에 평화를 줍니다

요한복음 14:27 "＿＿＿＿＿ 너희에게 끼치노니 곧 나의 ＿＿＿＿＿ 너희에게 주노라."

사도행전 7:55에서 전도하던 스데반은 괴로워했습니까?

＿＿＿＿＿＿＿＿＿＿

사도행전 16:19-25에서 바울과 실라는 옥에 갇혔을 때 어떠했습니까?

＿＿＿＿＿＿＿＿＿＿

4. 영원한 상급을 얻게 됩니다

요한계시록 7:17과 21:4에서 성도는 장차 영원한 나라에서 어떻게 된다고 했습니까?

＿＿＿＿＿＿＿＿＿＿

＿＿＿＿＿＿＿＿＿＿

고린도전서 9:25 "이기기를 다투는 자마다 ＿＿＿＿＿ 일에 절제하나니 그들은 ＿＿＿＿＿ 승리자의 ＿＿＿＿＿ 얻고자 하되 우리는 썩지 아니할 것을 ＿＿＿＿＿ ＿＿＿＿＿ 하노라."

"헌신의 보상"이란?

요한계시록 2:26에서, 이기는 자와 끝까지 주님의 일을 지키는 자가 받을 또 하나의 상급은 __________라고 했습니다.

당신은 당연한 일을 하였으나 주님은 영원히 없어지지 않는 위로와 주와 함께 살 특권과 썩지 아니할 면류관과 만국을 다스리는 권세를 주시겠다고 약속하신 것입니다.

당신은 이번에 이 공부를 통하여 헌신의 생활을 배웠습니다. 이제부터 중요한 것은 배우고 알게 된 것을 실천하면서 사는 것입니다.

야고보서 1:25을 읽어 봅시다.

"자유롭게 하는 온전한 율법을 들여다보고 있는 자는 듣고 잊어버리는 자가 아니요 __________ 자니 이 사람은 그 __________ 일에 복을 받으리라."

주의 뜻대로 살려는 당신에게 복이 있기를 빕니다.

하나님 가족 되기

"성령이 친히 우리의 영과 더불어 우리가 하나님의 자녀인 것을 증언하시나니."(롬 8:16). 이제 당신은 하나님 가족의 갓 태어난 어린 아이로서 그리스도 안에서 성장하기 시작할 것입니다. 다음의 진리들은 당신에게 확신과 방향제시를 해줄 것입니다.

1. 당신은 영적인 탄생을 통하여 하나님의 가족이 되었다.

당신이 영생을 소유한 것이 확실한 것은 다음과 같은 이유 때문이다.

* 그리스도 안에서의 탄생은 단 한 번 갖는 경험이기 때문이다. (고후 5:17)

- 죄를 회개하였다. (행 3:19)
- 그리스도를 신뢰하였다. (엡 2:8-9)
- 당신의 삶을 구주이신 예수 그리스도께 드렸다. (롬 10:9-10)

* 하나님의 말씀에 기록되어 있기 때문이다. (요일 5:11-13)

* 하나님의 속성 때문이다. (요일 5:1-9)

* 하나님의 약속 때문이다. (요 5:24)

2. 육체적인 성장에 음식이 필요한 것처럼 하나님의 말씀은 영적인 성장에 필수적이다.

* 하나님의 말씀은 당신을 성장하도록 도울 것이다: 매일 읽으라.

* 하나님의 말씀은 당신을 인도해 줄 것이다: 가르침과 설교를 들으라.

* 하나님의 말씀은 당신을 죄로부터 지켜 줄 것이다: 암기하고 순종하라.

* 하나님의 말씀은 그리스도인의 생활을 가르쳐 줄 것이다: 연구하라.

* 하나님의 말씀은 당신에게 감동을 줄 것이다: 묵상하라.

* 하나님의 말씀은 모든 일에 효력이 있을 것이다: 실천하라.

3. 육체적인 성장에 호흡이 필요한 것처럼 기도는 영적인 성장에 필수적이다.

기도는 호흡과 같다.
* 숨을 내쉬는 것은 하나님께 말하는 것이고
* 숨을 들이쉬는 것은 하나님의 음성을 듣는 것이다.

언제든지 그분께 기도하라.
* 그분을 예배하고 싶을 때 * 인도하심이 필요할 때 * 도움이 필요할 때
* 시험을 당할 때 * 외로울 때 * 죄를 지었거나 실패했을 때 * 힘이 필요할 때

4. 어린이의 성장에 가정이 필요한 것처럼, 교회는 영적인 성장에 필수적이다.

좋은 가정과 가족이 어린이에게 유익한 것처럼, 교회도 새로운 그리스도인들에게 유익한 것이다. 하나님의 사람들, 즉 교회는 이제 당신의 새로운 가족이다.
* 그들은 당신의 거듭남을 기뻐할 것이다.
* 그들은 당신을 받아들이고 사랑할 것이다.
* 그들은 당신을 격려해 주고 도와줄 것이다.
* 그들은 그리스도인의 생활에 대해서 당신에게 가르쳐 주고 훈련시킬 것이다.
* 그들은 당신과 함께 하나님을 예배할 것이다.

5. 어린 아이가 말하기를 배우는 일이 중요한 것처럼, 다른 사람들에게 당신의 믿음을 알려주는 것은 중요하다.

어린 아이는 자기 의사를 전달하려고 애를 쓸 때 배우고 성장하게 된다. 당신도 다른 사람들에게 당신의 새로운 삶에 대해서 알려 줄 때 성장하게 될 것이다.

요약: 성장의 단계

1. 하나님의 말씀을 매일 섭취하라.
2. 정규적인 기도로써 호흡하라.
3. 새로운 가족인 교회에 참여하라.
4. 당신의 믿음을 다른 사람들과 나누라.

"헌신의 생활"이란

하나님의 영광을 위해 온전히 우리 자신을 드리는 삶을 말합니다.

이 생활은 그 어떤 생활보다 하나님을 기쁘시게 해 드리는 것뿐만 아니라

헌신하는 자신도 기쁨을 얻게 됩니다.

새신자 훈련총서의 모든 과정을 마친 당신에게 하나님의 크신 복이 임하시기를 기도합니다. 영적 순례의 과정에서 새신자 훈련과정은 시작일 뿐 끝이 아닙니다. 영적 전투에서 승리하기 위해 모든 그리스도인은 지속적인 훈련이 필요합니다. 출석교회 담임목사님과 상의하여 영적 훈련을 게을리하지 마십시오. 당신의 영적 훈련에 기독교한국침례회 교회진흥원 교회사역팀(02-2643-7390)이 언제나 함께합니다. 당신의 영혼이 잘 됨 같이 범사에 잘되고 강건하기를 간구합니다.

새신자 훈련총서

제1판 1쇄 발행 · 2007년 9월 10일
제1판 23쇄 발행 · 2025년 1월 27일

펴낸이 | 김용성
펴낸곳 | 요단출판사

주 소 | 07238 서울특별시 영등포구 국회대로 76길 10
기 획 | (02)2643-7390
보 급 | (02)2643-7290 FAX (02)2643-1877
등 록 | 1973. 8. 23. 제13-10호

값 6,000원
ISBN 978-89-350-1014-1 04230